Tolerância Zero e Democracia no Brasil

Coleção Estudos
Dirigida por J. Guinsburg

Equipe de realização – Revisão: Érica Alvim; Sobrecapa: Sérgio Kon; Produção: Ricardo W. Neves e Raquel Fernandes Abranches.

Benoni Belli

TOLERÂNCIA ZERO E DEMOCRACIA NO BRASIL

VISÕES DA SEGURANÇA PÚBLICA NA DÉCADA DE 90

PERSPECTIVA

Dados Internacionais de Catalogação na Publicação (CIP)
(Câmara Brasileira do Livro, SP, Brasil)

Belli, Benoni
    Tolerância Zero e democracia no Brasil : visões da segurança pública na década de 90 / Benoni Belli. — São Paulo : Perspectiva, 2004. — (Estudos ; 209 / dirigida por J. Guinsburg)

    Bibliografia.
    ISBN 85-273-0705-7

    1. Crimes - Combate 2. Democracia - Brasil 3. Direitos humanos - Brasil 4. Segurança pública - Brasil 5. Violência - Brasil I. Guinsburg, J.. II. Título. III. Série.

04-6862   CDD-364.40981

Índices para catálogo sistemático:
1. Brasil : Tolerância Zero : Programas de combate ao crime : Atentados aos direitos humanos : Criminologia 364.40981

Direitos reservados à
EDITORA PERSPECTIVA S.A.
Av. Brigadeiro Luís Antônio, 3025
01401-000 – São Paulo – SP – Brasil
Telefax: (0--11) 3885-8388
www.editoraperspectiva.com.br
2004

Sumário

AGRADECIMENTOS IX

INTRODUÇÃO
   Violência, Polícia e Direitos Humanos XI

1. VIOLÊNCIA E POLÍCIA – FATOS E CONCEITOS BÁSICOS 1
   Conceitos Básicos 3
   Homicídios no Brasil 7
   Exccuções e Tortura 11
   A Violência Brasileira e os Números 18

2. BRASIL – DEMOCRACIA E CONTINUIDADE AUTORITÁRIA 21
   Estereótipos e Justificação da Violência Policial 29
   Funcionamento e Controle do Aparelho Policial 36
   Discursos sobre Criminalidade e Violência Policial 44

3. POLÍCIA, TOLERÂNICA ZERO E EXCLUSÃO 61
   Teoria das Janelas Quebradas 64
   Tolerânica Zero 69
   Crise de Confiança no Departamento de Polícia
   de Nova York 73
   O Significado da Tolerânica Zero 76
   A Tolerância Zero e o Brasil 85

4. SOCIEDADE E ESTADO – DILEMAS DA DEMOCRACIA 93

A Fratura no Monopólio da Violência 97
   Vicissitudes da Pacificação........................ 105
   Concepção Orgânica da Sociedade 112
   Obstáculos ao Ideal Arendtiano de Poder 119

Violência, Individualismo e Contexto Social: À
   Guisa de Conclusão 131

Bibliografia 143

Agradecimentos

Inúmeras pessoas contribuíram para a realização deste trabalho, seja por meio de sugestões e críticas, seja com o incentivo amigo ou ainda com a inspiração proporcionada pelo exemplo. Correria o risco de ser injusto ao tentar nomear todos, por isso optei por agradecer expressamente apenas aqueles que julgo terem contribuído de forma mais direta para que a aventura de escrever este livro pudesse chegar ao fim.

O presente texto é uma versão ligeiramente modificada de minha tese de doutorado, apresentada ao Departamento de Sociologia da Universidade de Brasília (UnB). No âmbito do Departamento de Sociologia, devo um agradecimento especial à minha orientadora, Professora Maria Francisca Pinheiro Coelho, a quem agradeço não apenas pelo incentivo, mas também por ter acreditado no projeto e na minha capacidade de realizá-lo.

Como funcionário público ligado ao Ministério das Relações Exteriores, minha dedicação ao doutorado dependeu em grande parte da compreensão de meus chefes diretos. Não posso deixar de agradecer a Marco Antônio Diniz Brandão, Marcos Vinicius Pinta Gama e Antônio Salgado, que me apoiaram em diferentes momentos para que pudesse seguir adiante com esta empreitada. Tive a grande sorte de ter esses diplomatas como chefes e a eles expresso minha gratidão pelo estímulo constante. Nessa mesma tradição de chefes que valorizaram meus interesses acadêmicos, quero agradecer ao amigo Sérgio França Danese pelo apoio nos momentos finais de redação da tese.

Vários dos textos que deram origem a este livro passaram pelo crivo de meu grande amigo e mestre José Augusto Lindgren Alves. A ele agradeço a paciência de haver dedicado algum tempo a esses textos, apesar de seus vários afazeres e responsabilidades. A ele devo também boa parte de meu interesse pelo tema dos direitos humanos. Orgulho-me de ter participado da equipe que, sob a liderança de Lindgren, deu início ao Departamento de Direitos Humanos e Temas Sociais do Itamaraty. Essa experiência foi, sem dúvida, fundamental para aguçar minha sensibilidade para as questões tratadas na tese de doutorado. Além disso, quero agradecer a Lindgren pelo seu papel fundamental na publicação da tese na forma do presente livro.

Durante o período que passei em Nova York (1999-2001) tive a oportunidade de observar de perto o programa Tolerância Zero, refletir e escrever sobre o assunto. Nesse período, recebi sempre o apoio de Gelson Fonseca Jr., com quem, em diferentes ocasiões, tive oportunidade de trocar idéias sobre temas afins ao do livro. A Gelson sou grato pelo respeito intelectual que me dispensou e por sua disposição de estabelecer uma parceria que se traduziu em artigos publicados em co-autoria sobre temas de política externa.

Entre vários amigos, devo mencionar aqueles que estiveram mais presentes e que ajudaram, com o suporte afetivo da amizade, a tornar a tarefa de escrever este trabalho mais amena: Luis Felipe Miguel, Regina Dalcastagnè, Jaime César Coelho, Taiana Brancher, Andrei Koerner, José Eduardo Giraudo, Marcela Nicodemos, Marcelo Viegas, Sidney León Romeiro, João Marcelo Queiroz, Inês Freitas, Mônica Martins. Entre os familiares, agradeço a meus pais, Rosa e Norberto, a minhas irmãs, Sheila e Bianca, a meus sogros, Carmem e Paulo, e aos cunhados Fabrício e Júnior por terem me ajudado a crer que conseguiria terminar esta jornada.

Não há dúvida que sem o apoio, o companheirismo, a dedicação e o amor de Cláudia, minha mulher, a realização deste trabalho não teria sido possível. A ela e a nosso filho, Bruno, dedico este livro.

Introdução

VIOLÊNCIA, POLÍCIA E DIREITOS HUMANOS

A preocupação com a violência criminal faz parte hoje da agenda de prioridades dos principais dirigentes nos mais diversos países. O medo tem-se generalizado e, mesmo em sociedades com índices de criminalidade relativamente baixos, o discurso da lei e da ordem encontra grande ressonância. Talvez associada à própria configuração das sociedades contemporâneas, definidas por alguns como "sociedades de risco", a sensação de insegurança se integrou na psique coletiva a ponto de a violência ser encarada como um espectro que, em tempos de globalização, parece assombrar o mundo inteiro. Não obstante as distintas formas assumidas pela violência criminal, o tema da violência parece ter-se tornado uma obsessão mundial.

Além disso, a sensação de insegurança se democratizou de forma inaudita, afligindo não apenas as classes privilegiadas, mas também os que se encontram na base da pirâmide social. Independentemente das curvas estatísticas e dos dados empíricos sobre criminalidade, vive-se preso à expectativa de crescimento descontrolado da violência e dos riscos que a acompanham. Nos EUA, por exemplo, os índices de criminalidade têm baixado de forma consistente na última década sem que as políticas de segurança pública tenham perdido o fascínio que exercem junto ao público, à mídia, e às autoridades governamentais. O tema da criminalidade desperta tanto interesse que foi alçado à condição de fonte inesgotável de inspiração para a indústria cinematográfica e seriados de TV de grande popularidade.

O tema da criminalidade é também uma constante nas conversas diárias e tornou-se tema central das campanhas eleitorais. A preocupação crescente com a violência criminal e o clamor popular por mais segurança são fenômenos que nenhum político pode se dar ao luxo de ignorar, sob pena de ver minguar seus votos em período eleitoral. Além disso, essa preocupação influencia o trabalho dos estudiosos ou técnicos da segurança, para os quais se voltam as demandas de mais proteção. Ainda que o tema não seja mais propriedade exclusiva de especialistas, são eles que têm a função de propor as reformas e adaptações necessárias para fazer face ao que é encarado como uma nova ameaça. Afinal, as opiniões dos especialistas em segurança são vistas como dotadas, em princípio, de maior peso e consistência. É nesse contexto que nascem nos EUA programas de segurança pública que se pretendem inovadores, como o Tolerância Zero implementado na cidade de Nova York.

A busca de uma legitimação científica no desenho de políticas de segurança pública é considerada uma das condições para a descoberta de soluções duradouras para o problema da criminalidade. A suposta cientificidade deve ser acompanhada, ademais, de uma eficácia simbólica, ou seja, precisa corresponder às expectativas e experiências amplamente disseminadas, que, na atualidade, tendem a remeter tanto a ocorrência de crimes quanto o clima mais geral de insegurança prioritariamente à responsabilidade individual – por oposição às causas sociais. A eficácia dos discursos na área de segurança depende de sua aceitação tanto pelo público em geral quanto pelos operadores jurídicos e autoridades políticas. As políticas derivadas desses discursos precisam, portanto, ancorar-se nas relações sociais pré-existentes e nas representações que as reproduzem, sem descuidar dos aspectos supostamente científicos que lhes garantiriam uma aura de neutralidade.

As campanhas eleitorais no Brasil também reservam espaço privilegiado para a questão da segurança. A diferença em relação a muitos dos países desenvolvidos, porém, é que a insegurança brasileira é mais palpável e possui contornos mais dramáticos, potencializando o impacto de qualquer discurso eleitoral sobre o assunto. Como será possível constatar no primeiro capítulo, as taxas de homicídios cresceram consideravelmente no Brasil durante a década de 90, de modo que a sensação de insegurança, ainda que magnificada por determinados discursos alarmistas, possui um substrato real incontestável. Há também no Brasil a sensação de que a década de 90 foi um período de promessas descumpridas no campo da segurança e da violência, seja porque a criminalidade continuou crescendo, seja porque os modos de lidar com o problema reproduziram a brutalidade policial que caracterizou o período autoritário.

O que há de comum entre os países desenvolvidos e o Brasil não é somente a preocupação com a segurança, mas a coincidência crescente de visões de como atacar o problema. Constata-se uma progressiva aproximação dos discursos da direita e da esquerda, que passam a privilegiar o controle social como estratégia privilegiada de combate à criminalidade. O discurso pretensamente neutro da ciência ou de uma pseudociência é resgatado para legitimar novas políticas de segurança pública, que se traduzem, entre outros aspectos, em respostas duras contra os crimes menores como forma de prevenir os mais graves. Em cada país, no entanto, discursos semelhantes em relação a como lidar com o problema da criminalidade e da insegurança tende a assumir contornos específicos, moldando-se às idiossincrasias locais. A forma tradicional de lidar com o problema da violência criminal no Brasil, caracterizada por certa condescendência tácita ou explícita das autoridades e de boa parte da população com métodos de tortura e execuções sumárias, não teve seus pressupostos abalados com a busca de um discurso modernizante para a gestão da criminalidade.

No Brasil, a suposta cientificidade garantida pelos especialistas em segurança tende a corresponder a pressupostos que já fazem parte do universo do senso comum, compondo uma doxa que orienta a ação e tende a reproduzir as relações sociais hierárquicas que prevalecem desde tempos imemoriais. Em uma sociedade de consumidores, em que o individualismo é elevado à enésima potência e as diferenças sociais são naturalizadas, como se fossem produto apenas de escolhas individuais, não sobra espaço para pôr em questão as relações sociais autoritárias que estão na raiz de nossa sociabilidade nada cordial. Dessa maneira, a desgastada imagem idílica do homem cordial, apoiada numa idéia distorcida da contribuição de Sérgio Buarque de Holanda, descompõe-se diante dos episódios de violência privada e estatal que fazem as manchetes dos diários e oferecem material farto para as pautas dos jornais televisivos de maior ou menor apelo popular.

Este livro tratará do tema com o cuidado de estabelecer uma relação entre o universal e o particular, entre o que parece ser o traço comum entre os países ocidentais (sejam eles desenvolvidos ou em desenvolvimento) e as peculiaridades do caso brasileiro. De um modo geral, pode-se dizer que o objetivo principal é o de lançar luzes sobre o modo especificamente brasileiro de apropriação do discurso hoje hegemônico sobre segurança pública no mundo ocidental, que se baseia na privatização da responsabilidade pelo fenômeno da criminalidade. Para alcançar esse objetivo, procurar-se-á investigar as razões da ótima receptividade, no Brasil, do programa Tolerância Zero da cidade de Nova York, considerado um ícone entre os projetos de segurança pública tidos como modernos e eficazes no combate à criminalidade.

Ao analisar o programa Tolerância Zero e sua recepção positiva nos discursos de importantes agentes envolvidos com o tema da segurança pública no Brasil, ressaltarei a tendência cada vez mais pronunciada, no que tange aos assuntos de segurança pública, de se buscar, como diria o sociólogo alemão Ulrich Beck, "soluções biográficas para contradições sistêmicas"[1]. Com efeito, condenam-se indivíduos, tidos como bárbaros e pervertidos, e absolve-se subliminarmente a estrutura social que fornece o terreno fértil para a barbárie. Ressalta-se o indivíduo e perde-se de vista a sociedade, como se fosse possível compreender o comportamento individual fora do contexto social. O sucesso de público do programa Tolerância Zero, baseado em uma criminologia conservadora que se adapta bem a um período de descrédito do Estado de bem-estar, é o signo de uma época em que o individualismo foi levado ao paroxismo e em que ao Estado é crescentemente atribuída uma função basicamente penal.

A busca frenética de soluções rápidas e mágicas é a marca de nosso desespero, sobretudo à luz de crimes de alta repercussão que afetam a própria auto-estima nacional. Como se permite no Brasil que crimes inomináveis continuem a ocorrer? A indignação – totalmente justificada – repercute com mais força quando personalidades públicas são vítimas de crimes graves. A elite percebe, então, que também ela, e não apenas os mais pobres, podem sofrer as conseqüências do descalabro na segurança das grandes cidades. O mais assustador, contudo, não é a busca totalmente compreensível de respostas e de medidas urgentes para superar a situação, mas a virtual omissão, no cardápio de soluções oferecidas, do reconhecimento de que é necessária uma transformação social profunda que leve à desconcentração do poder em todas as esferas (política, econômica, cultural etc.). Trata-se de uma omissão nem sempre intencional, mas cujas conseqüências não são nada desprezíveis. Essa é uma característica que perpassa a tomada de decisões sobre políticas de segurança pública tanto nos países centrais quanto no Brasil. Esse fator explicaria a ênfase renovada nas reformas do aparelho policial ou na elaboração de novas estratégias agressivas de vigilância e policiamento.

Certamente a segurança pública carece de reformas institucionais urgentes: unificação das polícias, melhor treinamento e condições de trabalho para agentes e policiais (incluindo salários dignos e reformulação dos códigos disciplinares das polícias militares), modernização do equipamento, gerenciamento adequado de dados criminais e planejamento estratégico, ênfase na investigação e na inteligência, policiamento preventivo, aperfeiçoamento do controle interno e externo. Seria fundamental, além disso, combater a impunidade em todos os

---

1. Ulrich Beck, *Risk Society: Towards a New Modernity*, London, Sage Publications, 1998, p. 137.

níveis, e não apenas a do ladrão de galinhas, mas também a relacionada aos crimes de colarinho branco. O fortalecimento do Ministério Público, com a função de conduzir a fase inicial da apuração de crimes, ao lado da modernização do Poder Judiciário, ambos submetidos ao controle externo, seriam passos igualmente importantes. Todas essas mudanças, e muitas outras em discussão, são válidas e inadiáveis. São também insuficientes.

A concepção de mundo que se tornou hegemônica, inclusive em parte da esquerda, tende a desqualificar os que alertam para as causas sociais, para o efeito perverso da extrema desigualdade e da falta de oportunidades em uma sociedade em que o apelo ao consumo e à fruição hedonista e predatória dos bens materiais tornou-se uma espécie de mantra. Certos técnicos da segurança pública dizem que esse discurso é demasiado abstrato, não fornece respostas para o dia-a-dia dos crimes e, em última instância, serve de desculpa para não reprimir os criminosos. É óbvio que o crime deve ser reprimido, mas eficiência no combate à criminalidade e respeito aos direitos humanos (para quem ainda se preocupa com esses direitos) são implícita ou explicitamente pintados como incompatíveis. A crença nessa suposta incompatibilidade não é reconhecida nos discursos mais refinados, mas certamente está por trás das posições entusiasmadas de muitos defensores da adoção de programas tipo Tolerância Zero.

Ao que parece, perde-se crescentemente de vista que as reformas institucionais podem facilitar a superação da insegurança real e percebida, mas dificilmente serão sustentáveis no longo prazo na ausência de um esforço sério e persistente em múltiplas frentes, inclusive no que tange à eliminação da exclusão e da desigualdade social extrema. Isso porque, além das frustrações geradas pela desigualdade abissal brasileira em uma sociedade de consumo, as relações sociais hierárquicas contribuem para classificar de antemão os alvos preferenciais da vigilância, fazendo com que os agentes do Estado sejam vistos com desconfiança, desprezo ou temor por aqueles considerados perigosos (que são, via de regra, os que trazem no corpo as marcas da exclusão).

No momento em que se buscam soluções duradouras para os problemas de segurança pública que afligem as grandes cidades brasileiras, deve-se ter em mente que, apesar de sua aura de cientificidade ou do acesso privilegiado à mídia, certos discursos indignados de técnicos e políticos não podem ser tomados por seu valor de face. Não raro a retórica beira o histriônico e lança mão das armas tradicionais do populismo eleitoreiro, do "prendo e arrebento" sem meias palavras às mensagens de conteúdo semelhante travestidas de roupagens um pouco mais sutis. As conversas sobre violência e crime são invariavelmente pontilhadas de receitas para pôr fim à insegurança e garantir a paz social. De um modo geral, pode-se dizer que a antiga fé na reabilitação, que caracterizou a criminologia e os debates sobre violência nas décadas de 60 e 70, vem sendo suplantada em quase todos os quadrantes por uma volúpia punitiva ancorada na idéia da degeneração moral irremediável do criminoso. Expressão dessa tendência, como já foi dito, é a popularidade da chamada Tolerância Zero de Nova York.

Na verdade, no mesmo período em que Nova York registrou quedas acentuadas dos índices de criminalidade, outras cidades nos EUA tiveram reduções assemelhadas sem que a Tolerância Zero tivesse sido aplicada. Na prática, a Tolerância Zero representa jogar nas malhas da justiça criminosos leves, uma vez que se pressupõe que as infrações pequenas que afetam a "qualidade de vida" constituem a ponta do iceberg. Assim, a lógica absurda constitui em julgar hoje os criminosos leves com base na suposição de que cometerão crimes graves no futuro ou de que as pequenas infrações que afetam a qualidade de vida constituem chamariz natural para a ação dos bandidos mais perigosos. A popularidade da Tolerância Zero se afirma paralelamente ao processo de desmonte do Estado de bem-estar social na maioria dos países desenvolvidos. Dessa forma, à atrofia do Estado de bem-estar se soma a hipertrofia do Estado penal, para usar uma expressão de Loïc Wacquant[2]. O discurso que enfatiza o lado repressivo e perde de vista as causas sociais da violência tende a reproduzir, ainda que inconscientemente, a estrutura social vigente.

Para lançar luzes sobre o modo especificamente brasileiro de apropriação do discurso hoje hegemônico sobre segurança pública no mundo ocidental, a estratégia da Tolerância Zero, tal como aplicada na cidade de Nova York e admirada por muitos brasileiros, fornece importante material para a reflexão proposta. Qual a conseqüência da importação das idéias provenientes dos EUA a respeito da gestão da segurança pública? Vários políticos brasileiros vão em romaria a Nova York para conhecer os resultados alcançados no combate à criminalidade e voltam ao Brasil carregando uma bagagem cheia de idéias "revolucionárias". Esse processo lembra o fenômeno objeto de ensaio famoso de Roberto Schwarz.

No Século XIX, as elites brasileiras – aristocratas e latifundiárias – posavam de liberais enquanto mantinham a escravidão em terras tupiniquins. Como assinala Schwarz:

> É claro que a liberdade do trabalho, a igualdade perante a lei e, de modo geral, o universalismo eram ideologia na Europa também; mas lá correspondiam às aparências, encobrindo o essencial – a exploração do trabalho. Entre nós, as mesmas idéias seriam falsas num sentido diverso, por assim dizer, original. A Declaração dos Direitos do

---

2. Loïc Wacquant, *As Prisões da Miséria*, Rio de Janeiro, Jorge Zahar, 2001, *passim*.

Homem, por exemplo, transcrita em parte na Constituição brasileira de 1824, não só não escondia nada, como tornava mais abjeto o instituto da escravidão[3].

A ideologia individualista que sustenta a criminologia conservadora e que pressupõe indivíduos que decidem por conta própria enveredar pelos caminhos do desvio e da criminalidade esconde o essencial na Europa e nos EUA, ou seja, a marginalização de minorias e imigrantes e a exclusão sistemática dos problemáticos (mães solteiras de baixa renda, usuários de drogas, sem-tetos, pobres portadores de deficiência mental etc.). De qualquer forma, o que sobrou do Estado de bem-estar naqueles países, aliado ao crescimento econômico (com maior disponibilidade de empregos, ainda que flexíveis e precários) e às atividades de organizações privadas, fundações, igrejas e entidades filantrópicas, garante uma rede de proteção mínima.

No caso do Brasil e de outros países em desenvolvimento, a ausência dessa rede de proteção para a maioria absoluta da população garante à nova ideologia criminal uma falsidade de tipo original, contribuindo na prática para identificar os excluídos não apenas como alvo preferencial da vigilância (classes perigosas), mas também como classes naturalmente criminosas. Diferentemente das elites brasileiras do século XIX, no entanto, as nossas elites do século XXI têm conseguido utilizar a ideologia importada para encobrir o essencial, conferindo um aspecto novo a velhas e conhecidas práticas repressivas. Nesse caso, as idéias não estariam fora do lugar; ao contrário, não poderiam ter encontrado *habitat* mais acolhedor.

A apropriação que se faz no Brasil do rótulo da Tolerância Zero revelaria, de um lado, coincidência em relação à visão de mundo dominante nos países ocidentais desenvolvidos – no que diz respeito aos aspectos ideológicos subjacentes à nova forma de gestão da segurança pública – e, de outro, um ambiente de relações sociais altamente propício à incorporação do discurso aparentemente modernizante associado a tal rótulo. O individualismo exacerbado nos une aos países centrais, enquanto nossa desigualdade estrutural, refletida nas relações sociais hierárquicas, confere às novas estratégias de combate à criminalidade lá formuladas uma repercussão inusitada em terras nacionais, assumindo a função de legitimar, com seu discurso travestido em postulados que reivindicam o estatuto de ciência, a ilusão de que se está diante de uma mudança substantiva em relação aos padrões do passado.

Reproduz-se aqui, de forma peculiar, o fenômeno que Zygmunt Bauman qualificou de privatização da responsabilidade pela situação humana, quando o auto-engrandecimento toma o lugar do aperfeiçoamento socialmente patrocinado e a auto-afirmação substitui a respon-

---

3. Roberto Schwarz, "As Idéias Fora do Lugar", em *Ao Vencedor as Batatas*, São Paulo, Editora 34, 2000, p. 12.

sabilidade coletiva pela exclusão de classe. Os excluídos do jogo, como ressalta o autor, são os consumidores falhos, aqueles cujos meios não estão à altura de seus desejos de consumo. São esses que encarnam "os demônios interiores" da sociedade de consumo, sendo seu isolamento em guetos e sua incriminação uma forma de exorcismo.

Os excluídos são considerados culpados pelo seu malogro e passam a constituir uma ameaça àqueles que estão devidamente inseridos na sociedade de consumo, daí a obsessão com a lei e a ordem que se abate sobre os setores considerados bem-sucedidos. De acordo com Bauman:

> Dada a natureza do jogo agora disputado, as agruras e tormentos dos que dele são excluídos, outrora encarados como um malogro coletivamente causado e que precisava ser tratado com meios coletivos, só podem ser redefinidos como um crime individual. As "classes perigosas" são assim redefinidas como classes de criminosos. E, desse modo, as prisões agora, completa e verdadeiramente, fazem as vezes das definhantes instituições do bem-estar[4].

Um dos principais subprodutos da privatização da responsabilidade pela situação humana é a sanha contra os ativistas de direitos humanos, qualificados pejorativamente em certos círculos de "defensores de bandidos". Ao menos no Brasil, a popularidade do Tolerância Zero convive pacificamente com a idéia de que os direitos humanos são um estorvo para a defesa da segurança do cidadão de bem, havendo entre esses dois fenômenos provavelmente mais do que simples afinidades eletivas. Os direitos humanos são por definição universais e, portanto, não devem ser aplicados de forma seletiva. Como a tendência atual consiste na desumanização dos criminosos e, em alguns casos, dos suspeitos, retiram-se na prática esses indivíduos da comunidade de direitos. Os mais radicais passam então a defender a eliminação física como instrumento legítimo de combate à criminalidade.

Até mesmo autoridades constituídas e eleitas chegam, de forma cada vez mais freqüente, a demonstrar pouca ou nenhuma consideração com o número de mortos pela polícia, desde que o objetivo da segurança seja alcançado. O caráter falacioso desse discurso reside na incompatibilidade entre desrespeito aos direitos humanos e eficiência na repressão ao crime. Na prática, essa linha de ação implicaria na substituição do terror do tráfico ou da criminalidade violenta em geral pelo terror da polícia, enquanto o desejável seria contar com instituições de segurança pública que promovessem a cidadania.

A condenação moral é evidente quando se denuncia o crime como uma doença. O criminoso, por seu turno, é na maioria das vezes equiparado, no senso comum, à expressão acabada de uma patologia social.

---

4. Zygmunt Bauman, *O Mal-Estar da Pós-Modernidade*, Rio de Janeiro, Jorge Zahar, 1998, p. 57.

Nesse sentido, não haveria outro remédio para salvar a sociedade da destruição e da decadência moral senão a destruição pura e simples dessas ameaças, ou seja, a cura para a enfermidade do crime é a erradicação do mal pela raiz: a eliminação do criminoso, visto como a fonte irradiadora de atos de destruição da harmonia social. As categorias sociais identificadas como potenciais criminosos – geralmente pobres, negros e favelados – são, assim, excluídas da comunidade moral, seus integrantes são na prática desumanizados. No limite da exclusão, nega-se aos excluídos o direito à vida. É muito comum, na versão mais extrema do discurso antidireitos humanos, a equiparação dos considerados bandidos a animais, jogando com os sentimentos de repulsa da população em relação aos crimes para obter uma verdadeira licença informal para a eliminação física dos criminosos.

A caracterização do crime e do criminoso que integra o senso comum e que dá suporte à violência policial e às soluções finais justifica as atrocidades contra os criminosos, reais ou vistos como potenciais, pela suposta necessidade de retribuir na mesma moeda o mal causado. A violência policial apareceria assim como o melhor agente da consciência coletiva, visto que o sistema judicial normal mostra-se incapaz de dar a resposta reclamada pela população. Caberia aos agentes do Estado exercer uma vigilância constante para que a sociedade não degenere e entre em colapso.

Trata-se de uma concepção que tende a ver os direitos individuais como um obstáculo. A nova "ciência" criminal pretensamente neutra reforça essa concepção, mas com as roupagens modernas da Tolerância Zero, que se vale do arsenal dos métodos de gestão empresarial e avaliação da eficiência para levar a cabo a tarefa de identificar, vigiar e excluir a população considerada perigosa e criminosa. A cruzada contra os que defendem os direitos humanos geralmente perde de vista que esses direitos, em sua formulação consagrada internacionalmente, são para todos, inclusive para o cidadão comum que tem o direito sagrado à vida e à integridade pessoal. É por esse motivo que a luta pelos direitos humanos em todas suas dimensões pode tornar-se instrumento de mobilização pelas mudanças sociais. Há quem veja na luta pelos direitos humanos – e não apenas os civis e políticos, mas também os econômicos, sociais e culturais – a potencialidade de superar a distância entre as promessas da democracia e a realidade das ruas. Para parafrasear o filósofo esloveno Slavoj Žižek, o discurso que ataca os direitos humanos em nome da segurança constitui "a forma da aparência de seu contrário"[5], uma vez que é na mobilização pela realização de todos os direitos humanos que parece residir o ca-

---

5. Slavoj Žižek, "Direitos Humanos e Ética Perversa", em Mais!, *Folha de S. Paulo*, 01.7.2001.

minho que levará a soluções de longo prazo para os diversos fatores que incidem sobre o fenômeno multifacetado da criminalidade.

Em suma, a complexidade da tarefa de criar as condições para o surgimento de uma sociabilidade menos violenta desqualifica as soluções unidimensionais. Por isso, não se deve ouvir apenas a polícia. É preciso conversar também com sociólogos, educadores, economistas, advogados e representantes dos vários segmentos da sociedade. Polícia é parte essencial da busca de soluções, mas não constitui a panacéia que alguns querem crer. A reforma da polícia e das outras instituições do sistema de justiça penal pode gerar um alívio e melhorar a eficiência da repressão, mas devem ser acompanhados de ações integradas em vários campos.

Para perseguir esse objetivo, a luta por todos os direitos humanos pode ser um catalisador das reformas necessárias, as quais, para serem duradouras, deveriam levar à alteração da estrutura de poder. As reformas somente serão efetivas se ensejarem o controle democrático das ações empreendidas pelo Estado. A ênfase na repressão tradicional, ainda que sob a forma de programas que se autoqualificam de modernos, representa mais do mesmo e talvez constitua maneira confortável de deixar as estruturas de poder intocadas e reproduzir a exclusão.

Esse é o pano de fundo do debate atual sobre violência e segurança pública no Brasil. O que se pretende neste livro é revelar a absorção do discurso da Tolerância Zero e suas conseqüências políticas para a democracia. Para tanto, será fundamental contextualizar o debate sobre violência e criminalidade no Brasil a partir da transição democrática. Esse passo servirá para ressaltar as expectativas criadas em torno da democratização e suas principais frustrações nesse campo. Em segundo lugar, deve-se proceder a uma descrição do que representam os programas de segurança tipo Tolerância Zero tal como originalmente concebidos e aplicados nos EUA. Desse modo, será possível investigar as principais razões da popularidade do discurso que lança mão dos epítetos do programa Tolerância Zero no Brasil.

É claro que essa discussão deve ser entremeada de alguns conceitos básicos e pressupostos metodológicos que, apesar de serem avançados prioritariamente no primeiro capítulo, estão presentes ao longo do livro. O primeiro capítulo, portanto, oferece alguns conceitos e chama a atenção para os dados a respeito da violência criminal no Brasil, com ênfase na questão dos homicídios. Procura-se também ressaltar os casos de tortura e de execuções sumárias praticadas pela polícia, uma vez que em muitos casos tais práticas se inserem numa determinada visão de como combater a criminalidade. Com efeito, o padrão constante de brutalidade policial tem sido denunciado por organizações não-governamentais e por órgãos das Nações Unidas. Dessa forma, será possível fornecer um quadro geral da violência no país ao longo da década de 90, o qual é o objeto de preocupação dos formuladores de políticas públicas na área de segurança.

O segundo capítulo se ocupa da contextualização da questão da violência no Brasil a partir da transição democrática. Procura contrastar os dados da violência apresentados no capítulo anterior com a expectativa que havia em relação à transição democrática, que, para os que a viveram de perto, parecia prenunciar uma nova forma de lidar com os problemas da violência. O objetivo desse capítulo é demonstrar a continuidade autoritária nas práticas e no discurso relacionados à violência. Apesar da superação da violência política que caracterizou a ditadura militar, não se abriu uma nova era de respeito aos direitos humanos, como evidenciam os modos de encarar o problema da violência, que guardam grandes semelhanças com a época do regime militar. Nesse capítulo, busca-se também fazer uma tipologia dos discursos mais representativos a respeito da violência e das formas de superá-la. Esse esforço servirá para mapear o terreno no qual as soluções tipo Tolerância Zero vicejam.

O terceiro capítulo, dedicado inteiramente ao programa Tolerância Zero, procura desmistificar sua aura de eficiência e põe em evidência seu caráter regressivo e conservador. Além de passar em revista os principais pressupostos do programa, em especial a chamada teoria das "janelas quebradas", o capítulo põe em evidência o conjunto de reformas introduzidas no Departamento de Polícia de Nova York e discute seus resultados, tanto os que são alardeados quanto os menos conhecidos do público (entre esses últimos, sobressai o aumento da brutalidade policial). A parte final do capítulo faz uma avaliação do sentido político do programa Tolerância Zero, relacionando-o com a tendência mais geral de hipertrofia do Estado penal e progressiva atrofia das instituições do Estado de bem-estar. Além disso, o capítulo procura avançar respostas provisórias sobre a recepção favorável do Tolerância Zero no Brasil e de seu caráter emblemático da formação social brasileira.

Ao explorar o caminho apontado por essas respostas provisórias oferecidas no final do terceiro capítulo, o quarto recorre à contribuição de clássicos da sociologia como Durkheim, Weber e Elias para refletir a respeito das visões de mundo que orientam as políticas de segurança pública no Brasil. Assim, utiliza categorias e reflexões desses pensadores para encaminhar a análise para uma avaliação das dificuldades práticas e teóricas para implantação de uma democracia que tenha em seu núcleo uma concepção de poder como "agir em conjunto", no sentido de Hannah Arendt. Nesse sentido, a contribuição desses autores é utilizada para refletir sobre os obstáculos para a consolidação democrática, que, diga-se de passagem, constituem os mesmos fatores que tornam o ambiente das relações sociais no Brasil tão acolhedor para programas do tipo Tolerância Zero.

A conclusão apresenta uma síntese dos resultados obtidos ao longo da análise e identifica, como traço característico da sociedade brasileira contemporânea, o individualismo exacerbado. Nesse sentido, procura-se enfatizar as dificuldades para a realização das promessas da democracia em um contexto de prevalência desse individualismo, que se manifesta com força nas formas encontradas pela sociedade brasileira para lidar com o fenômeno da violência. Ao assinalar o efeito desse individualismo para a disseminação do raciocínio típico do direito penal na análise do fenômeno da criminalidade, procurar-se-á ressaltar a necessidade de resgatar a busca de explicações sociais como forma de superar a culpabilização individual enquanto viga mestra das prescrições e políticas hoje em voga. Em outras palavras, a conclusão procura transcender a mera recapitulação das análises anteriores e busca levantar algumas questões adicionais para uma agenda futura de pesquisa.

1. Violência e Polícia – Fatos e Conceitos Básicos

A atenção crescente conferida aos fatos da violência é um dos traços distintivos da sociedade contemporânea. Quer se olhe para a Europa, para os EUA, ou para os países em desenvolvimento, o tema da violência tem garantido seu lugar privilegiado nas conversas, nas ruas, nos encontros familiares, na mídia e no debate político. A violência – invocada nessas conversas, refletida nas estatísticas ou descrita em sua forma mais crua pelos meios de comunicação – tornou-se um daqueles temas inescapáveis dentro do universo de preocupações dos formuladores de políticas públicas e dos cientistas sociais. Ainda que o tema da lei e da ordem não seja novo, falar de violência, de seus efeitos desagregadores, de suas causas imediatas ou estruturais, parece corresponder à tentativa consciente ou inconsciente de resgatar uma segurança mítica perdida em algum momento do passado não muito distante. Os discursos sobre a violência tendem a invocar esse passado, quando a situação era mais administrável e ainda se podia sair às ruas a qualquer hora do dia e da noite sem medo.

De uma forma aparentemente desorganizada, o discurso sobre violência, em seus diferentes graus de sofisticação, tende a tocar em questões que há muito tempo têm sido objeto das reflexões de pensadores e cientistas sociais. Questões como o papel da força na garantia da coesão social, a definição de crime e a importância da punição, os requisitos da pacificação, as razões últimas do desvio e da delinquência, as formas de repressão do comportamento desviante e a perspectiva de reintegração social dos delinquentes fazem parte do campo de estudo da sociologia e de outras ciências sociais. Sem ser exaustiva, essa lista de questões dá uma idéia dos temas que estão na agenda dos debates diários e, ao mesmo tempo, são objeto de estudos e reflexões mais detidas. Tais questões continuam fazendo parte do núcleo de preocupações da sociologia, ao evocarem as condições de reprodução da própria organização social.

Pretende-se, neste capítulo, fazer um movimento que partirá de algumas definições básicas sobre violência, polícia e criminalidade, passará pela apresentação de alguns dados factuais sobre tais fenômenos e terminará com uma avaliação do panorama geral da violência do Brasil contemporâneo. Dessa maneira, será possível fornecer o quadro do que é percebido como a imersão do Brasil em uma espiral de violência, criminalidade e violações de direitos humanos. Independentemente dos diferentes lugares sociais de onde provêm os discursos sobre a violência, os diagnósticos e as prescrições tendem inevitavelmente a referir-se aos dados brutos da violência, tais como o número de homicídios e as evidências a respeito da brutalidade da polícia. É importante, portanto, ter presente esse quadro geral para que se possa entender o debate em torno da questão da violência no Brasil.

Este capítulo cumprirá sua função se, em primeiro lugar, definir os termos básicos aqui utilizados de forma operacional, como uma espécie de âncora para que não fiquemos à deriva no mar por vezes revolto de formulações, conceitos e categorias. O primeiro passo é, portanto, pragmático e não deve ser visto como um limite à progressiva ampliação do sentido conferido às categorias utilizadas à medida que o argumento vai sendo desenvolvido ao longo do texto. Em segundo lugar, a apresentação de informações factuais e empíricas recolhidas de diversas fontes não é exaustiva. Representa, antes, um esforço de síntese e de encontrar exemplos paradigmáticos e representativos. Em terceiro lugar, a apresentação de dados não pretende fazer uma discussão dos métodos utilizados para levantá-los, mas tão-somente apontar alguns pontos de referência necessários e inevitáveis em qualquer reflexão sobre violência, criminalidade e polícia.

Por fim, deve-se ter em mente a carga negativa da palavra violência e o fato de que a reação instintiva parece ser a de encontrar fórmulas de coibi-la ou erradicá-la. Dito de outro modo, a violência é vista como um problema que precisa ser urgentemente resolvido. Para alguns, a violência possui certidão de nascimento, RG e CPF, ou seja, ela está incorporada no criminoso, no agente da violência (em geral identificada com a prática de crimes, enquanto o uso da força no cumprimento do dever legal não seria violência desta perspectiva). Para outros, a violência é sintoma cujas causas são mais profundas e complexas, exigindo intervenções simultâneas em diversas frentes. De qualquer modo, sendo a violência um problema, cumpre encontrar soluções práticas e eficazes. Antes de passar à discussão dessas soluções, que se pretende fazer sobretudo nos capítulos 2 e 3, é fundamental ter presente os dados que serão utilizados como evidência da gravidade da situação.

Este capítulo possui, portanto, dois objetivos fundamentais: definir conceitos e termos básicos utilizados neste trabalho, que serão ampliados à medida que o argumento vai sendo desenvolvido; e fornecer um quadro geral dos dados sobre criminalidade violenta, com ênfase nos homicídios e na violência policial ilegal (tortura e execuções sumárias). Tomado em seu conjunto, o primeiro capítulo deve dar uma idéia da matéria-prima por assim dizer empírica que serve de substrato para os diversos discursos a respeito da violência no Brasil.

CONCEITOS BÁSICOS

Faz-se necessário, antes de tudo, definir violência. Jean-Claude Chesnais, em seu livro sobre a história da violência, defende uma definição restritiva do termo, o que ajudaria a evitar o caráter alarmista e catastrofista do discurso contemporâneo sobre a violência. Do ponto de vista da comparação histórica, acredita Chesnais, a nossa violência nada possui de comparável à violência sanguinolenta das épocas antiga, feudal ou clássica. Nessa linha, uma definição elástica de violência contribuiria para a sensação de insegurança, uma vez que considerar como violência qualquer episódio de tensão ou incidentes banais levaria a pensar que o fenômeno estaria se agravando de forma inelutável. Por essa razão, Chesnais propõe a seguinte definição:

> A violência em sentido estrito, a única violência mensurável e incontestável, é a violência *física*. É o atentado direto, corporal, contra as pessoas; ela se reveste de um triplo caráter: brutal, exterior e doloroso. O que a define é o uso material da força [...]. Dito de outro modo, a característica principal da violência é a gravidade do risco que ela faz a vítima correr. São a vida, a saúde, a integridade corporal ou a liberdade individual que estão em jogo[1].

Na verdade, o conceito proposto por Chesnais poderia ser criticado pelo que supostamente teria de vantajoso, ou seja, seu caráter restrito. A violência seria, em primeiro lugar, física. Estaria excluída a possibilidade da chamada violência psicológica ou mesmo a violência simbólica. Do mesmo modo, a violência teria um conteúdo corporal, não abrangendo por exemplo a destruição da propriedade ou de equipamentos públicos. A definição de Chesnais, portanto, põe em evidência a violência física dirigida contra a pessoa com a utilização da

---

1. Jean-Claude Chesnais, *Histoire de la Violence*, Paris, Editions Robert Laffont, 1981, p. 12.

força bruta, o que a torna mais facilmente mensurável por deixar marcas visíveis no corpo da vítima. Afinal, seria mais fácil contar os mortos e feridos do que aqueles que são vítimas de algum tipo de tortura psicológica. A insatisfação com a definição restrita de violência estimula outras tentativas de criar um conceito mais abrangente, como o de Yves Michaud:

> Há violência quando, numa situação de interação, um ou vários atores agem de maneira direta ou indireta, maciça ou esparsa, causando danos a uma ou várias pessoas em graus variáveis, seja em sua integridade física, seja em sua integridade moral, em suas posses, ou em suas participações simbólicas e culturais[2].

Muitas definições de violência são possíveis, dependendo dos critérios utilizados na elaboração do conceito. As duas definições acima, no entanto, ajudam a delimitar o foco da análise aqui empreendida. A definição de Chesnais, ainda que não seja a mais abrangente e exaustiva, coincide com o que se convencionou chamar de formas mais graves de violência. Qualquer investigação sobre os níveis de violência procura observar, antes de qualquer coisa, as taxas de homicídio verificadas. O homicídio comum se enquadra na definição de Chesnais, assim como a tortura e as execuções arbitrárias praticadas pela polícia (essas últimas constituem um tipo particular de homicídio). Mas a definição de Michaud pode ser útil para pensar as representações sobre a violência, bem como para discutir a criação de estereótipos que ajudam a classificar a população e os alvos preferenciais da vigilância e do controle social.

No que diz respeito à violência policial, poder-se-ia argumentar que se trata de algo inevitável, inerente às funções da polícia. Nunca é demais lembrar a definição de Estado moderno de Weber como "uma comunidade humana que pretende, com êxito, o monopólio do uso legítimo da força física dentro de um determinado território"[3]. O poder do Estado se manifestaria em última instância pelo fato de que uma ordem de homens usará a força física com a intenção de obter conformidade com as regras da coletividade. A polícia teria precisamente essa função. Um destacamento de funcionários que agiria em nome da sociedade para a manutenção da lei e da ordem. A função policial, segundo Loubet del Bayle, serve para prevenir e reprimir as violações às regras sociais:

> a função policial aparece então como a função de que são investidos certos membros de um grupo para, em nome da coletividade, prevenir e reprimir a violação a certas regras que regem esse grupo, se necessário por meio de intervenções coercitivas lançando mão

---

2. Yves Michaud, *A Violência*, São Paulo, Ática, 1989, pp. 10-11.
3. Max Weber, "A Política como Vocação", em H. H. Gerth e C. Wright Mills, (orgs.), *Max Weber: Ensaios de Sociologia*, Rio de Janeiro, Guanabara, 1982, p. 98.

do uso da força. [...] pode-se considerar que há *função policial* quando, dentro do quadro de uma coletividade que apresenta as características de uma sociedade global, certos dos aspectos mais importantes da regulação social interna são assegurados por instituições investidas dessa tarefa, agindo em nome do grupo e tendo a possibilidade de fazer uso da força física como último recurso[4].

A dimensão da violência inerente à função policial é aquela formalmente aceita pelo conjunto da sociedade como estritamente necessária para a aplicação universal da lei. Trata-se, portanto, de uma violência regulada por estatutos legais. Mas não é preciso ir muito longe para perceber que a violência policial não se limita à permitida como parte do cumprimento do dever legal. As chamadas execuções extrajudiciais, sumárias ou arbitrárias aliadas aos casos de tortura divulgados em relatórios de organizações não-governamentais ou pela imprensa se tornaram uma espécie de lugar-comum no Brasil. São essas duas formas extremas de violência ilegal que sintetizam o padrão de relações que se estabelece nos encontros entre a polícia e a população civil nas grandes cidades brasileiras. Esse tipo de violência, porém, é geralmente justificada com o argumento de que se volta contra os bandidos, os responsáveis pela insegurança generalizada.

Para simplificar, poder-se-ia dizer que a violência compreende atos de diferente natureza de acordo com suas motivações, circunstâncias, legitimidade e legalidade. Mas não é preciso ir tão longe nas definições. Basta assinalar que a violência pode ser legal ou ilegal. A violência ilegal pode ser considerada sinônimo de crime. Este é todo ato que, não necessariamente violento, contraria a norma penal e, portanto, é passível de sanção ou punição previamente estabelecida pela legislação. Esta definição jurídica do crime deve levar em conta que nem todo crime é violento, mas toda violência ilegal é crime (uma violência considerada legal poderia ser, por exemplo, a legítima defesa ou aquela de que faz uso a polícia no estrito cumprimento do dever legal). Essa definição exige uma justificativa para a distinção entre crimes comuns e a violência policial ilegal na forma de tortura e execuções.

Ainda que a violência policial ilegal constitua crime, a distinção deve ser feita para pôr em evidência o responsável pelo ato delituoso que, no caso, é um agente do Estado. Separar os casos de tortura e de execuções perpetrados pelos policiais dos crimes cometidos pelos cidadãos comuns é condição prévia para avaliar o desempenho dos funcionários encarregados de aplicar a lei. É verdade que os homicídios praticados pela polícia não devem gerar a presunção de que se tratam de execuções sumárias. No entanto, tampouco seria prudente inferir que os homicídios da polícia são sempre cometidos no estrito cumpri-

---

4. Jean-Louis Loubet del Bayle, *La police: approche socio-politique*, Paris, Montchrestien, 1992, pp. 19-20.

mento do dever legal. Esse exemplo serve para demonstrar que a classificação correta dos atos concretos de acordo com os conceitos e tipos legais somente é possível por meio de uma avaliação cuidadosa e isenta dos fatos em questão.

O homicídio tem sido definido, pelos códigos penais em todo o mundo, simplesmente como "matar alguém". A partir dessa definição básica, são previstas várias circunstâncias atenuantes ou agravantes. Além disso, é muito comum diferenciar o homicídio doloso, aquele que possui o elemento subjetivo da intenção de causar a morte do homicídio culposo, que decorre de negligência, imprudência ou imperícia. Nem sempre é possível encontrar dados sobre homicídios desagregados, já que esse tipo de crime é considerado uma entre outras causas externas de mortalidade (de que também são exemplos os acidentes de trânsito e os suicídios). De qualquer forma, os dados sobre homicídio são utilizados com freqüência para dar uma idéia aproximada do grau de violência geral vivenciado pela sociedade. Quanto maior o índice de homicídios por cada 100 mil habitantes, mais desesperador seria o clima de violência e menor a qualidade de vida.

Um tipo particular de homicídio é aquele praticado pelos agentes de segurança que extrapolam os estatutos legais e abusam do poder de polícia para executar criminosos e suspeitos. Esse tipo de homicídio tem sido conhecido, no âmbito do sistema de direitos humanos das Nações Unidas, como execução extrajudicial, sumária ou arbitrária. Do ponto de vista da ONU, trata-se de um grave atentado ao direito à vida, tal como consagrado na Declaração Universal dos Direitos Humanos e no Pacto Internacional de Direitos Civis e Políticos. Ao lado da tortura, compõe uma das formas mais freqüentes de utilização abusiva dos instrumentos de violência do Estado. A preocupação com as execuções extrajudiciais, sumárias ou arbitrárias foi motivada inicialmente pelos episódios de violência política em várias partes do mundo, o que estimulou a ONU a aparelhar-se para monitorar esse tipo de violação dos direitos humanos.

É interessante observar que, apesar da proibição constitucional da pena de morte no Brasil[5], o fato é que não chega a ser segredo para ninguém que as execuções praticadas por agentes de segurança constituem um fato corriqueiro. Como haverá oportunidade de discutir no próximo capítulo, a transição democrática não alterou substancialmente o padrão de violência estatal no que tange aos métodos de controle, com a diferença de que sob a ditadura militar as atenções estavam voltadas para o uso deliberado dos órgãos de segurança contra a opo-

---

5. O artigo 5º, inciso XLVII, estabelece que não haverá pena de morte, salvo em caso de guerra declarada. De qualquer forma, a pena capital foi aplicada pela última vez no Brasil durante a Guerra do Paraguai, no século XIX.

sição política. Com o advento da democracia, os métodos passaram a ser utilizados basicamente contra os chamados criminosos comuns.

A tortura também é outro método de controle, submissão e desumanização das vítimas que encontra ampla disseminação nos aparelhos policiais. A definição mais utilizada de tortura é a prevista na "Convenção contra a Tortura e Outras Formas de Tratamento ou Punição Cruéis, Desumanas ou Degradantes". Adotada pela Assembléia Geral das Nações Unidas em 10 de dezembro de 1984, a Convenção estabelece, em seu Artigo 1, que o termo tortura "significa qualquer ato por meio do qual dor ou sofrimentos severos, sejam físicos ou mentais, são infligidos a uma pessoa com o propósito de obter dessa pessoa ou de um terceiro informação ou confissão, para punir por um ato que a vítima ou um terceiro cometeu ou é suspeito de ter cometido, para intimidar ou coagir a vítima ou terceiro, ou por qualquer razão baseada em discriminação de qualquer tipo, sempre que a dor e o sofrimento sejam causados e instigados diretamente por funcionário público ou pessoa agindo em capacidade oficial ou contem com seu consentimento ou aquiescência"[6].

Tendo presente essas definições, pode-se procurar construir um quadro geral descritivo sobre a violência brasileira. O quadro geral da violência deve conter pelo menos uma apresentação de dados sobre homicídios, não apenas por este ser considerado a forma mais grave de violência, mas também por indicar para muitos pesquisadores o grau de pacificação alcançado pela sociedade estudada. É claro que os dados, descolados do contexto social e histórico, podem induzir a erro, mas permanecem de qualquer forma influenciando as análises e a tomada de decisões e, nesse sentido, precisam ser levados em conta. O mesmo pode ser dito no que tange aos dados sobre a violência policial, amplamente documentados por organizações não-governamentais e por órgãos das Nações Unidas.

HOMICÍDIOS NO BRASIL

Os homicídios não são o único indicador de violência em uma sociedade, mas certamente constituem a variável mais dramática. Há uma gama enorme de violências cotidianas ou mesmo de crimes que não levam à morte, mas podem contribuir para o clima geral de insegurança. No entanto, a morte provocada pelo homicídio revela a violência em seu grau mais elevado. O drama humano provocado pelos homicídios ganha certamente uma dimensão social por sua regularidade, que pode ser constatada nas séries estatísticas. Pode-se dizer

---

6. United Nations. *A Compilation of International Instruments – Volume I (First Part)*, New York, UN Publications, 1994, pp. 293-294.

que, no caso brasileiro, houve clara tendência de alta nos índices de homicídios durante a década de 90.

Antes de passar aos números, porém, vale a pena deter-se por alguns instantes na advertência metodológica feita pelos estudiosos do fenômeno. No Brasil, as duas fontes de dados mais utilizadas no que tange aos homicídios são o Ministério da Saúde, com o Sistema de Informação sobre Mortalidade (SIM), que se baseia em atestados de óbito, e a polícia, cujas séries estatísticas são elaboradas com base nos boletins de ocorrência. Como assinalam Ignácio Cano e Nilton Santos[7], ambas fontes de dados sobre homicídios apresentam problemas próprios que limitam sua validade e confiabilidade. De qualquer forma, os registros de homicídio do Ministério da Saúde, que vem utilizando critérios compatíveis com os da Organização Mundial da Saúde, são os mais confiáveis, apesar de alguma distorção inevitável seja em função da notificação incompleta das mortes, seja em razão de mortes registradas sem qualquer informação complementar sobre sua natureza e causas.

Para o pesquisador atento, as distorções acima apontadas poderão ter um efeito de desinflar os números. Em outras palavras, as estatísticas podem revelar melhor as tendências do que fornecer um quadro preciso da situação, a qual tende a ser pior do que os números costumam refletir. No caso do Brasil, os dados mais atuais afiançam a afirmação de que houve na década de 90 um incremento substancial dos homicídios. Dados do Ministério da Saúde e do IBGE compilados em um projeto da UNESCO em parceria com o Governo brasileiro permitem dizer que houve, entre 1991 e 2000, um crescimento total dos homicídios no país da ordem de 50,2%, bem superior ao incremento da população, que foi de 15,6% no mesmo período[8].

O mesmo estudo sistematizou dados sobre a taxa de homicídios por grupo de 100 mil habitantes, que é o indicador padrão sobre os níveis relativos de incidência. A taxa do Brasil, em 1991, foi de 20,9 homicídios por 100 mil habitantes e, não obstante as oscilações, teve uma tendência de aumento, chegando em 2000 ao patamar de 27 homicídios por 100 mil habitantes. As maiores taxas (em torno de 50 por 100 mil habitantes), em 2000, foram registradas nos Estados de Pernambuco, Rio de Janeiro e Espírito Santo, enquanto as menores (entre 6 e 9) foram verificadas nos Estados de Santa Catarina, Maranhão, Piauí e Rio Grande do Norte. O estudo da UNESCO também demonstrou que o aumento do número de homicídios nas capitais dos Estados

---

7. Ignácio Cano e Nilton Santos, *Violência Letal, Renda e Desigualdade Social no Brasil*, Rio de Janeiro, 7 Letras, 2001, pp. 23-44.
8. Jacobo Waiselfisz, *Mapa da Violência III: Juventude, Violência e Cidadania*, Brasília, UNESCO, Instituto Ayrton Senna, Ministério da Justiça, 2002, *passim*.

é bem maior do que o experimentado pelo país como um todo. Cidades como Florianópolis e Natal são as que apresentam as menores taxas do país em 2000 (10,2 e 10,4 respectivamente). No outro extremo estão as cidades de Recife (95,8), Vitória (78,7), Cuiabá (69,5), São Paulo (64,8) e Rio de Janeiro (56,5). De um modo geral, os índices de todas capitais sofreram aumentos entre 1991 e 2000.

O mais assustador talvez seja a situação dos jovens na faixa de 15 a 24 anos de idade. Enquanto a taxa global de mortalidade da população brasileira caiu de 633 em 100 mil habitantes, no ano de 1980, para 573, em 2000, a taxa relativa aos jovens passou de 128 para 133 no mesmo período. Estudos mostram que as epidemias e doenças infecciosas, que já foram as principais causas de mortes entre os jovens, foram substituídas progressivamente pelas causas externas de mortalidade, sobretudo os acidentes de trânsito e os homicídios.

> Os dados do SIM permitem verificar essa forte tendência. Em 1980, as "causas externas" já eram responsáveis por aproximadamente a metade (52,9%) do total de mortes dos jovens do país. Vinte anos depois, dos 45.310 óbitos juvenis, 31.851 foram originados por causas externas [...]. No ano 2000 acima de 2/3 de nossos jovens (70,3%) morreram por causas externas e [...] o maior responsável são os homicídios[9].

Para colocar em perspectiva os índices de homicídio brasileiros, o Estudo da UNESCO agrupou dados relativos ao último ano em que esses se encontravam disponíveis (variando entre 1997 e 1999) para sessenta países de diferentes regiões do mundo e níveis de desenvolvimento. Com uma taxa de 26,3 homicídios por 100 mil habitantes em 1999, o Brasil ficou em segundo lugar, embora seu índice tenha sido bem menor do que o da Colômbia (60), primeira colocada entre os países pesquisados. Os Estados Unidos, país desenvolvido com maior índice dos sessenta pesquisados, registrou em 1998 a cifra de 6,6 homicídios por grupo de 100 mil habitantes. A maioria dos países europeus, por sua vez, teve índice inferior a 1,5.

Há consenso entre os pesquisadores de que os índices mais elevados de homicídio geralmente são observados em áreas urbanas. No caso do Brasil, não resta dúvida de que os índices são altos para os padrões internacionais, conforme demonstra a comparação internacional efetuada pelo estudo da UNESCO. Outros estudos que utilizam os dados da polícia como matéria-prima para as séries estatísticas reforçam a percepção de aumento dos índices de homicídios no país. O quadro abaixo apresenta uma série incompleta relativa às cidades de São Paulo, Rio de Janeiro e Belo Horizonte entre 1985 e 1999. Os índices, baseados nos registros de homicídios dolosos da polícia civil, corroboram o estudo da UNESCO.

9. *Idem*, p. 26.

*Evolução dos Homicídios Dolosos Registrados pela Polícia
Civil nas Cidades de São Paulo, Rio de Janeiro e
Belo Horizonte, por Cem Mil Habitantes*

	1985	1986	1987	1988	1989	1990	1991	1992	1993	1994	1995	1996	1997	1998	1999
SP	37.4	39.8	43.6	41.5	48.7	48.6	50.3	44.1	50.7	57.9	64.1	66.1	69.2		
RJ	32.9	36.1	40.0	45.8	57.9		63.3	64.5	67.8	74.1	67.6	52.5	51.3	38.0	41.2
BH							15.4	14.1	14.3	14.3	15.5	15.4	15.5	20.4	23.7

Fonte: Relatório de Desenvolvimento Humano das Nações Unidas sobre o Rio de Janeiro.

Ao comparar o índice de homicídios do Rio de Janeiro com outras grandes cidades do mundo, o resultado não é dos mais favoráveis para a "cidade maravilhosa". Note-se que o quadro abaixo foi elaborado com dados da polícia referentes ao ano de 1998, quando houve uma queda momentânea no índice de homicídios do Rio de Janeiro.

*Homicídios Dolosos por Cem Mil Habitantes:
Rio de Janeiro Comparado a Outras Cidades do Mundo (1998)*

Cidade	Índice
Buenos Aires (Argentina)	5.0
Boston (EUA)	6.1
New York (EUA)	8.5
Los Angeles (EUA)	11.8
Miami (EUA)	23.3
Dallas (EUA)	23.4
Chicago (EUA)	25.1
Rio de Janeiro (BR)	38.0
Detroit (EUA)	44.3
Washington, DC (EUA)	49.7
Durban (África do Sul)	80.5
Cáli (Colômbia)	93.0
Soweto (África do Sul)	95.0
Johannesburg (África do Sul)	148.5
Medellín (Colômbia)	152.0

Fonte: Relatório de Desenvolvimento Humano das Nações Unidas sobre o Rio de Janeiro.

Os números apresentados certamente conformam um retrato parcial, com alguma dose de distorção e falta de nitidez. Não obstante, demonstram o fato incontestável de que os discursos sobre a violência no Brasil possuem um substrato real, não podendo ser qualificados de pura fabulação. É claro que os discursos possuem o dom de ampliar a ressonância dos números, atribuindo ao fenômeno contornos ainda mais graves e sentidos específicos. O diagnóstico, exagerado ou não, faz-se então acompanhar de prescrições, geralmente dirigidas aos órgãos do sistema de justiça penal em geral e à polícia em particular. A polícia, por ser a responsável pela gestão cotidiana da criminalidade, é o órgão em relação ao qual se dirige boa parte da demanda por segurança. Ainda que os homicídios tenham causas variadas, a polícia é vista como o principal instrumento para sua prevenção e erradicação.

Nos capítulos subseqüentes será possível deixar mais clara a relação entre o clima geral de insegurança, para o qual o aumento dos índices de homicídio contribui de forma decisiva, e o comportamento da polícia. De qualquer forma, deve-se antes ressaltar algumas evidências básicas sobre a violência policial, vista com certa condescendência por alguns setores da sociedade, que, diante do incremento da violência criminal, tendem a justificar os abusos dos agentes do Estado como um mal menor.

EXECUÇÕES E TORTURA

As execuções extrajudiciais perpetradas pela polícia integram os índices gerais de homicídio, mas sua particularidade deve ser estudada, já que indicam um padrão de comportamento de agentes encarregados de manter a ordem e garantir a observância da lei. É preciso, portanto, diferenciar entre as mortes causadas no estrito cumprimento do dever legal e aquelas que são produto de uma ação deliberada de execução, ou seja, levada a cabo ao arrepio da lei. Não existem estatísticas desagregadas capazes de indicar a proporção de mortes causadas pela polícia que seriam execuções. De qualquer maneira, o grande número de mortes em confrontos com civis, levando-se em conta os padrões internacionais, aliado aos testemunhos recolhidos pela imprensa e pelas ONGs em relação a vários casos, são evidências de que parte importante da polícia brasileira se pauta por alto grau de brutalidade.

Os anos 90 foram particularmente pródigos em massacres de grande repercussão praticados pelas forças policiais brasileiras. Os massacres do Carandiru, da Candelária, de Vigário Geral, de Corumbiara e de Eldorado de Carajás, para ficar apenas nos mais emblemáticos, tiveram em comum não apenas o constrangimento causado pela atenção internacional a tais episódios, mas também a participação de agentes do Estado, supostamente encarregados de garantir os direitos e fazer cumprir os estatutos legais e a Constituição Federal.

No caso da Casa de Detenção do Carandiru, em São Paulo, 111 presidiários foram mortos pela polícia em outubro de 1992. Constatou-se que muitos foram alvejados com tiros de metralhadora enquanto se encontravam deitados ou sentados com as mãos sobre a cabeça. De acordo com exames cadavéricos amplamente divulgados pela imprensa e pelas ONGs, alguns corpos foram perfurados por baionetas. Uma investigação levada a cabo pelo Conselho de Defesa dos Direitos da Pessoa Humana (CDDPH) concluiu que a PM matou os 111 presos sem qualquer justificação.

Em um relatório publicado em 1997, a Comissão Interamericana de Direitos Humanos documentou vários casos de execuções sumárias de crianças e adolescentes, muitos dos quais contaram com a participação direta de policiais ou grupos de extermínio. Entre os casos mencionados constava o massacre da Candelária, ocorrido em 1993. Em uma madrugada daquele ano, vários homens abriram fogo contra crianças que dormiam do lado de fora de Igreja da Candelária, matando instantaneamente quatro delas e ferindo outras quatro. Pouco tempo depois, três sobreviventes do massacre foram assassinados. Devido ao depoimento de um gari, que depois viria a ser também executado, soube-se que três dos quatro participantes no massacre eram policiais e que o objetivo era provavelmente o de eliminar elementos incômodos para comerciantes do centro da cidade do Rio de Janeiro.

A Comissão Interamericana de Direitos Humanos não se limitou ao caso da Candelária, citou também outros exemplos que indicariam um padrão preocupante de violação do direito à vida de menores por parte de agentes do Estado. Nas palavras da Comissão:

> A Comissão considera que a maioria dos casos citados como exemplos, bem como outros que teve a oportunidade de estudar mas que não foram incluídos no presente relatório, tem como característica comum denúncias de violência policial contra menores por parte da Polícia Militar e dos esquadrões da morte, que por vezes são integrados pelos próprios policiais[10].

No mesmo ano, o Brasil e o mundo assistiriam a outro massacre de grandes proporções, o da favela de Vigário Geral no Rio de Janeiro. Em agosto de 1993, 21 pessoas foram mortas quando mais de trinta homens encapuzados e fortemente armados invadiram a favela disparando indiscriminadamente contra moradores. Entre os mortos estavam sete homens que jogavam carta em um bar e oito membros de uma mesma família. Alegou-se que o ataque teria sido uma vingança pela morte, dois dias antes, de quatro policiais, que teriam sido assassinados por traficantes de droga que tinham base naquela favela. Depois das investigações, foram acusados 28 policiais militares, três policiais civis e dois funcionários da Secretaria de Segurança Pública do Estado.

As ONGs foram particularmente ativas em denunciar os casos emblemáticos de grande repercussão midiática como sinal de um pa-

---

10. Comissão Interamericana de Direitos Humanos, *Relatório sobre a Situação dos Direitos Humanos no Brasil*, Washington, OEA/CIDH, 1997 (OEA/SER.L/V/II.97, Doc. 29 rev.1), p. 82.

drão sistemático de violência policial. Ao referir-se ao massacre de Vigário Geral, a Anistia Internacional ressaltou o seguinte:

> A escala e o barbarismo do massacre deixaram pasma a opinião pública brasileira e chegaram às manchetes internacionais. No entanto, esse caso só teve de especial o número de vítimas e o número de agressores: incidentes semelhantes, embora em menor escala, passam despercebidos e quase sem registro nos bairros pobres das principais cidades brasileiras. A morte nas mãos da polícia ou de integrantes de esquadrões da morte faz parte da vida diária da população urbana pobre no Brasil[11].

Não demorou muito para que o Brasil desse outros exemplos emblemáticos de violência policial também em regiões rurais. No espaço de nove meses entre 1995 e 1996, ocorreram dois massacres de trabalhadores rurais sem terra pela polícia militar nos Estados de Rondônia e do Pará. No primeiro caso, ocorrido na Fazenda Santa Elina em Corumbiara, Estado de Rondônia, a polícia militar matou nove pessoas durante uma ação motivada por mandado de reintegração de posse. O segundo caso, em Eldorado de Carajás (Pará), dezenove trabalhadores rurais foram executados durante uma operação de desobstrução da rodovia PA-150. Os dois casos tiveram em comum a intervenção policial com uso de força letal antes de esgotadas as negociações, evidência de pessoas executadas mesmo depois da rendição, e sinais de espancamento e tortura perpetrados pelos policiais.

Não há dados totalmente confiáveis sobre mortes causadas pela polícia, mas alguns estudos procuraram analisar as características dessas mortes para tirar conclusões a respeito do grande número de execuções. É importante, portanto, não apenas olhar os números absolutos, mas estudar as circunstâncias e as características específicas dos confrontos e das mortes causadas pelos policiais. Tome-se, inicialmente, o número absoluto de civis mortos como conseqüência da ação da Polícia Militar no Estado de São Paulo entre 1986 e 1992[12]:

Ano	Mortes
1986	399
1987	305
1988	294
1989	532
1990	585
1991	1140
1992	1470

11. Amnesty International, *Além da Desesperança: Um Programa para os Direitos Humanos no Brasil*, Londres, Anistia Internacional, 1994 (AI Index: AMR 19/15/94), p. 4.

12. Fontes: i) Teresa Pires do Rio Caldeira, *City of Walls: Crime, Segregation and Citizenship in São Paulo*, University of California at Berkeley, PhD Dissertation, 1992. Mimeo; ii) Paul Chevigny, *Edge of the Knife*, New York, The New Press, 1995.

O número de mortes provocadas pela polícia de São Paulo atingiu seu ápice em 1992, ano do massacre do Carandiru. Como resultado da indignação provocada pelo massacre, procurou-se implementar uma política de afastar temporariamente para treinamento os policiais envolvidos em confrontos com mortes. A diminuição do número de mortes nos anos seguintes certamente é um fator positivo reconhecido por todos que valorizam a vida humana, mas não constitui sinal de superação das práticas abusivas, uma vez que aparentemente não representou uma inversão da tendência no longo prazo. Além disso, é preciso avaliar não apenas a quantidade, que mesmo com a diminuição continuou alta, mas também as razões para que tais mortes tenham sido produzidas. A ONG Human Rights Watch insistiu nesse ponto ao analisar a queda no número de mortes:

> Após o massacre de 111 presos da Casa de Detenção perpetrado pela polícia militar em outubro de 1992, as autoridades de São Paulo alegam que as mortes provocadas por policiais diminuíram. De acordo com estatísticas oficiais, nos primeiros oito meses de 1993, a PM de São Paulo matou 257 "marginais". Embora os números possam ter diminuído, eles ainda são incomodamente altos, e as estatísticas continuam a dar sinais de prováveis execuções extrajudiciais[13].

Com efeito, dados oficiais de São Paulo indicam que o número de civis mortos pela polícia vem aumentando desde 1996. Em 1998 foram 525 civis mortos, ao passo que em 1999 esse número foi de 664. Essa tendência se intensificou nos primeiros seis meses de 2000, quando a polícia matou 489 civis. Um estudo da Ouvidoria de Polícia de São Paulo analisou laudos de 222 pessoas assassinadas pela polícia em 1999, o que representava um terço do total de vítimas fatais. A conclusão foi a seguinte: 56,2% dessas pessoas foram atingidas pelas costas; 23% receberam cinco ou mais disparos; cerca de 36% receberam projéteis na cabeça. Além disso, constatou-se que 60% das vítimas não tinham antecedentes criminais e 55,8% não estavam em flagrante delito. Esses dados são forte indício de que muitas dessas pessoas foram sumariamente executadas[14].

O estudo circunstanciado realizado no Rio de Janeiro por Ignacio Cano encontrou evidências semelhantes de execuções sumárias por parte da polícia. Cano analisou casos ou episódios registrados que acabaram em mortos e feridos por arma de fogo entre janeiro de 1993 e julho de 1996. De forma resumida, algumas das principais conclusões foram as seguintes: fazendo uma comparação internacio-

---

13. Human Rights Watch, *Final Justice: Police and Death Squad Homicides of Adolescents in Brazil*, New York, Human Rights Watch, 1994, p. 53.
14. Os dados sobre mortes provocadas pela polícia de São Paulo citados neste parágrafo, assim como a referência ao estudo da Ouvidoria de Polícia, foram retirados de texto mimeografado do Centro de Justiça Global.

nal, constatou-se proporção muito alta de opositores mortos em relação a policiais assassinados nos confrontos, cerca de treze opositores para cada policial (nos EUA a média em 1990 foi de 5,8 opositores mortos para cada policial morto); também utilizando como base de comparação cidades norte-americanas, o Rio de Janeiro registrou proporção muito alta de opositores mortos em relação aos feridos nos confrontos, reforçando a suspeita de uso excessivo da força letal; o número de vítimas fatais é maior nas intervenções nas favelas da cidade, enquanto o número de feridos é superior nas intervenções no "asfalto", ou seja, nas áreas urbanizadas (a letalidade das atuações policiais nas favelas seria mais de duas vezes superior à de suas ações em outras áreas); a análise de laudos cadavéricos demonstrou que quase a metade dos corpos recebeu quatro disparos ou mais, a maioria dos cadáveres apresentava ao menos um tiro pelas costas ou tiros na cabeça, os policiais atiram quase sempre em áreas vitais e raramente fazem disparos para imobilizar os opositores (como tiro nas pernas), e houve um número significativo de casos de disparos à queima roupa.

Ignacio Cano também constatou que o número de mortos pela polícia aumentou muito com a criação de gratificações e promoções por bravura. Na prática, policiais envolvidos em confronto armado passaram a ser sistematicamente promovidos e a incorporar no salário as gratificações por bravura. Nas palavras o autor:

> O número de mortos por mês em intervenções policiais dobrou durante a etapa analisada da atual Secretaria de Segurança Pública, de maio de 1995 até julho de 1996, em comparação com o período de janeiro de 1993 até abril de 1995. Esse aumento não pode ser atribuído a um aumento geral da violência mortal na cidade, já que o número de homicídios dolosos se manteve mais ou menos constante durante os quatro anos.
>
> A letalidade dos confrontos também dobrou na presente administração da Secretaria de Segurança, chegando a mais de três mortos por ferido, uma cifra extremamente elevada. Nos casos analisados que originaram promoções por bravura dos policiais envolvidos, a letalidade chega a quase seis mortos para cada ferido.
>
> Todos esses dados condizem com a hipótese de que as políticas da atual Secretaria de Segurança, marcadamente as premiações por bravura, estejam incentivando não apenas os confrontos armados, mas também a letalidade dos mesmos[15].

Em 2001, um grupo de ONGs brasileiras e internacionais uniu esforços para produzir um relatório sobre execuções extrajudiciais, sumárias ou arbitrárias como forma de subsidiar os trabalhos de monitoramento dos direitos humanos levado a cabo por órgãos das Nações Unidas. A conclusão não deu margem a dúvidas acerca do padrão que prevalece no Brasil:

---

15. Ignacio Cano, *Letalidade da Ação Policial no Rio de Janeiro*, Rio de Janeiro, ISER, 1997, p. 79.

Diversos relatórios elaborados por organizações nacionais e internacionais preocupadas com os direitos humanos apontam que as execuções sumárias são um dos mais sérios problemas de direitos humanos no Brasil. Anualmente, são centenas os brasileiros que morrem a mando de proprietários de terras, nas mãos de grupos de extermínio, em conflitos privados (com a tolerância do estado) ou em confrontos com a polícia. A razão para que esses crimes continuem acontecendo é a inexistência no Brasil de uma política de estado destinada a punir exemplarmente as Execuções Sumárias, Arbitrárias ou Extrajudiciais, sejam patrocinadas por agentes do estado, seja por cidadãos comuns. Falta uma política do estado brasileiro que demonstre claramente sua determinação em coibir a ocorrência desse tipo de crime. Falta, igualmente, uma atuação do estado brasileiro no sentido da formação democrática da cidadania brasileira, de modo a evitar a banalização do homicídio, como tem acontecido no país[16].

Por deixarem menos rastros, os casos de tortura são ainda mais difíceis de comprovar do que as execuções sumárias. A proibição da tortura consta da Constituição Federal e sua tipificação criminal foi assegurada pela lei 9.455/97, de abril de 1997. Enquanto as polícias militares são as mais envolvidas em casos de execuções, até por sua função de policiamento ostensivo mais propício aos confrontos armados, os episódios de tortura em geral ocorrem com maior freqüência sob a tutela da polícia civil, nas delegacias de polícia, ou nos centro de detenção e nas prisões e penitenciárias. Parece haver consenso de que a tortura da época do regime militar, que tinha um sentido político-ideológico, deu lugar à tortura contra suspeitos de crimes comuns. O Governo brasileiro reconheceu a prática da tortura em relatório que submeteu ao Comitê contra a Tortura das Nações Unidas:

> A persistência desse quadro significa que policiais continuam a usar as práticas de tortura para extrair informações, confissões forçadas, obter ganhos com extorsão ou como forma de punição. São, ainda, significativos os números de confissões sob tortura e altos os índices de denúncias, principalmente de presos em delegacias, do uso de espancamentos, choques elétricos, extorsão e outras ameaças com objetivo de se obter informações para a instrução dos inquéritos policiais[17].

Vários estudos e pesquisas de ONGs documentaram casos de tortura praticados em todo o país, indicando que se trata de uma prática corriqueira e amplamente disseminada. Apesar do maior envolvimento de policiais civis, nenhuma força policial está livre da prática desse crime. A ONG Human Rights Watch, por exemplo, realizou ampla investigação de casos de violência policial no Brasil entre dezembro de 1995 e março de 1997, encontrando uma incidência preocupante

---

16. Jayme Benvenuto Lima Jr. (org.), *Execuções Sumárias, Arbitrárias ou Extrajudiciais: Uma Aproximação da Realidade Brasileira*, Recife, Centro de Justiça Global, 2001, p. 11.

17. Brasil, *Primeiro Relatório Relativo à Implementação da Convenção contra a Tortura e outros Tratamentos ou Penas Cruéis, Desumanos ou Degradantes no Brasil*, Brasília, Ministério da Justiça, 2000, p. 40.

de tortura praticada por policiais de distintas corporações nas cidades pesquisadas (Rio de Janeiro, São Paulo, Porto Alegre, Belo Horizonte, Salvador, Natal e Recife). De acordo com essa ONG:

> Nossa pesquisa para este relatório confirmou que a tortura continua sendo uma prática rotineira em delegacias em todo o país, uma prática amplamente aceita, sobretudo quando a vítima é pobre e suspeita de crimes. A tortura é praticada por membros de todas as forças policiais no Brasil – polícia civil, polícia militar e polícia federal[18].

Relatório mais recente da Anistia Internacional, com ênfase em casos ocorridos em delegacias e penitenciárias, chegou a conclusão semelhante:

> A Anistia Internacional (AI) juntou evidências que sugerem que a tortura e outros tratamentos cruéis, desumanos ou degradantes são ampla e sistematicamente utilizados nas delegacias de polícia e centros de detenção dos 26 Estados e do Distrito Federal. Ela ocorre no momento da prisão, nas delegacias, nas prisões, e nos centros de detenção de jovens. É usada para extrair confissões de suspeitos; para dominar, humilhar e controlar os detidos; ou, crescentemente, para extorquir dinheiro ou servir a propósitos criminosos de policiais corruptos[19].

A incidência de casos de tortura é tão grave no Brasil que chamou a atenção de órgãos independentes de monitoramento dos direitos humanos das Nações Unidas. Em 2000, o relator especial da Comissão de Direitos Humanos da ONU para a questão da tortura, Sr. Nigel Rodley, visitou o Brasil. No jargão da ONU, tratou-se de uma missão de verificação de fatos (*fact-finding mission*), que teve por objetivo permitir ao relator colher informações em primeira mão para avaliar a situação do país. O relator contactou ONGs e representantes governamentais, além de ter tido a oportunidade de visitar delegacias e penitenciárias. Rodley, para constrangimento nacional, chegou a encontrar barras de ferro em uma unidade da FEBEM escondidas em salas descritas como câmaras de tortura por parte de menores internos. Alguns dias após sua visita a essa unidade, o relator foi informado que três menores que haviam denunciado a tortura no estabelecimento em questão foram espancados como represália pelas declarações.

As observações do relator especial da ONU foram particularmente argutas, ao assinalar que há no Brasil um clima propício à prática de tortura, derivado de um amplo sentimento de insegurança da popu-

---

18. Human Rights Watch, *Brutalidade Policial Urbana no Brasil*, New York, Human Rights Watch, 1997, p. 31.

19. Amnesty International, *"People End Up Dying Here": Torture and ill-treatment in Brazil*, London, Amnesty Internacional, 2001 (AI Index: AMR 19/027/2001), p. 3. Sobre tortura e maus-tratos em prisões e delegacias, ver também: Human Rights Watch, *Behind Bars in Brazil*, New York, Human Rights Watch, 1998.

lação que tende a favorecer reação draconiana dos agentes policiais em face da criminalidade. Não vale a pena reproduzir aqui os casos em pormenores, uma vez que são muitos, mas é importante reter o panorama geral, caracterizado pela prática disseminada da tortura por todo o país. Nesse sentido, vale citar um trecho das conclusões do relator especial:

> Tortura e maus-tratos do gênero são empregados de forma sistemática e disseminada na maioria das partes do país visitadas pelo Relator Especial e, conforme sugerem relatos testemunhais apresentados ao Relator por fontes confiáveis, na maioria das outras partes a situação é a mesma. [...]. O Relator Especial sente-se impelido a notar o assalto intolerável aos sentidos que ele constatou em muitos lugares de detenção, especialmente em celas que visitou. [...]. Ele não pode senão simpatizar com a afirmação muito comum que ouviu dos que lotam as celas, no sentido de que "eles nos tratam como animais e esperam que nos portemos como seres humanos quando somos soltos"[20].

Aos mais desavisados, as informações e evidências disponíveis acerca dos homicídios, das execuções sumárias e da tortura ajudam a desfazer a mitologia da "cordialidade brasileira", quando tomada como sinônimo de suavidade e proximidade nas relações sociais entre distintos setores da população. Se alguma dúvida houvesse sobre a continuidade de práticas violentas após a transição democrática, esses dados, mesmo sem serem exaustivos, as suplantariam de vez. Além disso, os dados corroboram, como já foi assinalado, que a violência brasileira possui uma dimensão tangível incontestável. Ao menos no caso dos homicídios, não parece haver discordância quanto ao crescimento dos números absolutos e relativos. No tocante às execuções sumárias e às torturas, cuja comprovação depende de análises circunstanciais e provas documentais e testemunhais, o que se pode afirmar é que o volume de denúncias dotadas de credibilidade é muito grande para os padrões mundiais e para a expectativa dos defensores dos direitos humanos.

A VIOLÊNCIA BRASILEIRA E OS NÚMEROS

É mais ou menos óbvio que a violência não é representada apenas nas estatísticas e índices de criminalidade. Falar da ou sobre a violência implica em tomar posição, enfatizar possíveis causas e justificativas, condenar ou absolver os responsáveis e suas vítimas. Em outras palavras, a violência não é apenas constatada, é também objeto de tentativas de explicação que são em grande parte prescritivas. Diante

---

20. Commission on Human Rights, *Report of the Special Rapporteur, Sir Nigel Rodley, Submitted Pursuant to Commission on Human Rights Resolution 2000/43, Addendum Visit to Brazil*, March, 2001 (Doc. E/CN.4/2001/66/Add.2), p. 55.

da carga negativa da violência na sociedade contemporânea, a tendência natural é ver as manifestações de violência como sinal de algum tipo de disfunção que precisa ser corrigida, exigindo muitas vezes remédios amargos. José Vicente Tavares do Santos lembra que a sociologia tem se orientado por uma dualidade tensa em sua tarefa de representar o mundo social. De um lado, os pensadores cuja ótica se define pelas noções de integração e consenso e, de outro, os que construíram sua visão segundo a ótica da conflitualidade e dos conflitos[21].

Essas duas óticas moldam, por assim dizer, as fronteiras cognitivas dentro das quais soluções para os problemas da criminalidade e da violência são pensados. Além das análises teóricas, essa tensão entre dois extremos de certa forma plasma também os diferentes discursos sobre a violência em distintos níveis de registro – do conjunto nebuloso de opiniões, preconceitos e pressupostos comumente referido como senso comum aos postulados que buscam a legitimidade do estatuto de ciência. No próximo capítulo, após uma breve reflexão a respeito da continuidade da violência com a transição democrática, procurar-se-á construir uma tipologia dos discursos sobre a violência tendo como pano de fundo os conceitos básicos e os números apresentados neste primeiro capítulo.

Será possível identificar a tensão entre a representação do mundo social em geral, e da sociedade brasileira em particular, pela ótica da integração, de um lado, e pela ótica da conflitualidade, de outro. Os números e as evidências apresentadas sobre homicídios, execuções extrajudiciais e torturas compõem um quadro necessariamente parcial, mas não deixam de ser apropriados de forma peculiar por diferentes atores, que os utilizam para reforçar visões de mundo que muitas vezes chocam entre si e outras se combinam, criando um amplo e diversificado leque de instrumentos cognitivos utilizados para filtrar e dar sentido aos dados brutos da realidade.

Trata-se, portanto, de uma via de mão dupla. As evidências disponíveis sobre a violência influem diretamente sobre as visões de mundo relativas às causas desse fenômeno e os remédios para superá-lo, uma vez que refletem fatos e tendências que não podem ser ignorados. Mas os dados não permanecem em estado bruto, são processados e interpretados, fazendo com que tais visões de como enfrentar a problemática da violência confiram aos números um efeito legitimador de políticas de segurança de diferentes extrações.

---

21. José Vicente Tavares dos Santos, "A Violência como Dispositivo de Excesso de Poder", em *Sociedade e Estado*, X(2): 281-298, jul./dez., 1995, *passim*.

2. Brasil – Democracia e Continuidade Autoritária

Entre os anos 60 e 80, a agenda de pesquisa sobre violência e violações de direitos humanos esteve voltada principalmente para o exame das políticas levadas a cabo por regimes autoritários de diversos matizes. No caso do Brasil, o regime militar (1964-1985), com seu histórico de violações praticadas ao abrigo de uma ideologia de segurança nacional, forneceu farto material para a análise e para a crítica no âmbito das ciências sociais. Como era de se esperar, o caráter não-democrático do regime determinou as perspectivas adotadas, que, em geral, procuraram revelar tanto as razões prováveis da emergência do autoritarismo quanto sua mecânica institucional de funcionamento[1].

Além dos estudos direcionados sobretudo para a análise do aparato institucional do autoritarismo e das relações macro-políticas entre atores relevantes – tais como burocracias civil e militar, políticos profissionais, empresários e trabalhadores –, poder-se-ia acrescentar outro conjunto de preocupações, que assumiu formas diversas, nem sempre limitadas pelos cânones rígidos que caracterizam o mundo acadêmico. Em sua maioria, este segundo conjunto levou à elaboração de estudos que procuraram descrever e denunciar atrocidades cometidas, lançando luzes sobre os porões do regime e retratando situações concretas em que vítimas, submetidas a seus algozes fardados ou

---

1. A título de exemplo, ver David Collier (org.), *O Novo Autoritarismo na América Latina*, Rio de Janeiro, Paz e Terra, 1982; Guillermo O'Donnell, *Análise do Autoritarismo Burocrático*, Rio de Janeiro, Paz e Terra, 1990.

não, sofriam as conseqüências terríveis de terem escolhido a oposição ao regime[2].

Ainda que os pontos de partida tenham sido distintos, todos aqueles que se ocuparam do tema do autoritarismo aparentemente compartilharam a sensação – ou a esperança – de que, uma vez derrotado o regime militar e restabelecidas as instituições da democracia representativa, as violações graves de direitos humanos teriam seus dias contados. A conquista dos direitos políticos tradicionais era vista por muitos como condição necessária e suficiente para a superação dos ataques à dignidade e à integridade da pessoa humana. Contando a tortura e as execuções sumárias de opositores com o beneplácito, quando não com o envolvimento ativo, de altos dirigentes governamentais, afigurava-se natural a expectativa de que o fim do regime militar e a transição democrática erradicassem tais práticas.

Essa expectativa não estava totalmente destituída de lógica. As violações de direitos humanos perpetradas pelo regime militar constituíram verdadeira política de Estado e foram cometidas em nome da ideologia oficial, segundo a qual os opositores deixavam de ser considerados cidadãos merecedores do respeito e da proteção estatal e convertiam-se em inimigos a serem controlados e, em muitos casos, liquidados. Na prática, aqueles que fossem considerados subversivos adentravam o campo de batalha criado pela idéia do inimigo interno, considerado agente da disseminação de teorias perigosas e alienígenas. Matar e torturar, ao encontrar sua justificativa na necessidade de evitar um mal maior, representado pela tentativa de "comunizar" o Brasil, tornavam-se atos não apenas aceitos, como encorajados e, muitas vezes, até mesmo exigidos dos chamados patriotas.

Com a eliminação de uma política deliberada de abusos aos direitos humanos, como o direito à vida e o direito de não ser submetido a torturas ou a tratamentos cruéis, desumanos e degradantes, esperava-se que uma nova fase fosse inaugurada. A transição democrática, que aos poucos foi eliminando o chamado "entulho autoritário", as eleições para Governadores dos Estados em 1982, a adoção de uma Constituição democrática em 1988 e a realização de eleições diretas para Presidente da República em 1989 pareciam anunciar nova fase em que os direitos políticos assegurados e exercidos pelo conjunto de cidadãos garantiriam a observância dos demais direitos inscritos na Carta Magna e nos tratados internacionais de direitos humanos[3].

---

2. Um relato significativo nesse sentido pode ser encontrado no livro editado pela Comissão Justiça e Paz da Arquidiocese de São Paulo: *Brasil Nunca Mais*, Petrópolis, Vozes, 1985.

3. Em 1992 o Brasil ratificou três dos principais tratados internacionais na matéria: o Pacto Internacional de Direitos Civis e Políticos e o Pacto Internacional de Direitos Econômicos, Sociais e Culturais ambos adotados pela Assembléia Geral da ONU em

A década de 90, entretanto, provou-se extremamente frustrante para aqueles que depositaram tantas esperanças na democratização do país. Tomando a questão de um ponto de vista estritamente empírico, há evidências claras de que as violações apenas se avolumaram. Além disso, como foi visto no capítulo anterior, foi crescente a sensação de insegurança provocada pelos crimes comuns, sobretudo os homicídios. A diferenciação entre crimes comuns e crimes políticos estava muito clara na doutrina do regime militar. Para os criminosos políticos, a doutrina chegava a justificar a guerra de eliminação. A sorte dos criminosos comuns não era necessariamente melhor durante o regime militar do que tem sido sob a democracia política. Não obstante, a doutrina de segurança nacional existia apenas para os opositores do regime. A busca da segurança contra o crime não contava com uma doutrina formalizada, mas certamente foi contaminada pelas duras técnicas de combate à subversão.

A liberdade de imprensa e a rede de organizações não-governamentais que se formou a partir da democratização poderiam explicar a maior visibilidade de problemas como o extermínio de crianças, o massacre de presos ou a prática corrente da tortura em distritos policiais[4]. Mas de modo algum retiram a importância da constatação empírica da continuidade de violações aos direitos civis, sobretudo o direito à vida e à integridade pessoal dos indivíduos. O fim do regime militar representou um avanço fundamental ao garantir os direitos políticos e o estabelecimento de instituições democráticas, mas não gerou, necessariamente, um grau mais elevado de respeito aos direitos civis. De certa forma, a urgência de superar o regime militar e a esperança de que a democracia eliminaria automaticamente os abusos de direitos humanos explicariam a menor visibilidade das violações praticadas pelos agentes do Estado na gestão da política de segurança pública propriamente dita.

De acordo com Paulo Sérgio Pinheiro:

> Diante da corrupção, do agravamento das violações de direitos humanos e de sua impunidade, o regime autoritário (1964-1985) e o regime constitucional de 1988 com os governos civis de transição e eleitos, dada a ausência de rupturas significativas na área da cidadania, foram expressões diferenciadas de uma mesma estrutura de dominação fundada na hierarquia, discriminação, impunidade e exclusão social[5].

1966, e a Convenção Americana sobre Direitos Humanos adotada pela Assembléia Geral da OEA em 1969.

4. Esse período também testemunhou, como foi visto no capítulo anterior, o incremento da criminalidade violenta em geral, muitas vezes utilizado como desculpa para as ações ilegais da polícia.

5. Paulo Sérgio Pinheiro, "O Passado Não Está Morto: Nem Passado é Ainda", em Gilberto Dimenstein, *Democracia em Pedaços: Direitos Humanos no Brasil*, São Paulo, Companhia das Letras, 1996, p. 11.

Segundo o mesmo autor, a diferença fundamental em relação ao regime militar consistiria no fato de que o Estado, sob o regime democrático, não organiza, não coordena diretamente as ações de violência ilegal, mesmo que muitos de seus agentes continuem cometendo abusos. Haveria um claro risco, entretanto, de termos mais elementos de continuidade do que de diferença com relação ao passado autoritário.

Se é verdade que as oposições não são mais perseguidas, também seria inegável que os mais pobres e marginalizados, assim como os integrantes de grupos vulneráveis (mulheres, índios, crianças, negros) continuariam sendo as vítimas preferenciais da violência policial e da criminalidade comum. Há consenso entre os analistas de que a violência política teria atingido muito mais a classe média e os membros da elite do que os abusos cometidos em nome da erradicação dos crimes comuns, o que poderia ser indicador de que a violência física ilegal do Estado contra os que não detêm posições dominantes em termos de capital simbólico e econômico tende a ser mais facilmente aceita.

Não é nova, porém, a constatação de que setores específicos da sociedade brasileira constituem tradicionalmente alvo preferencial da violência praticada por agentes públicos e nem chega a causar surpresa a sobrevivência de um modelo hierárquico de relações sociais mesmo em tempos menos sombrios. O ineditismo da década de 90 está relacionado ao abismo, sem precedentes na história nacional, entre as promessas da democracia e a realidade de exclusão social, entre os direitos consagrados em textos legais e a realidade cotidiana da violência e da impunidade, ou ainda entre o princípio da igualdade perante a lei e o tratamento que estabelece na prática diferentes categorias de cidadãos. Trata-se de um abismo que reflete sobretudo a esperança frustrada de que o advento da democracia política seria capaz de garantir o efetivo exercício dos direitos da cidadania em condições mínimas de igualdade para todos.

Este hiato entre os princípios basilares do liberalismo-democrático e a realidade é uma característica constante da história brasileira que parece ter assumido contornos mais dramáticos ao longo da década de 90. Não se pretende assumir obviamente a posição ingênua de que tais princípios possam materializar-se a ponto de se lograr uma completa identificação com a realidade. Mesmo em países que ostentam níveis mais altos de respeito aos direitos humanos, os princípios e os direitos que estão na base do constitucionalismo liberal moderno nunca alcançaram uma realização completa. No entanto, a idéia de que os cidadãos devem gozar os mesmos direitos assegurados constitucionalmente pode ter mais do que um sentido meramente simbólico, de cimento ideológico da comunidade política. Trata-se de idéia que passou a ter eficácia também material na medida em que foi utilizada de plataforma para que os excluídos e as classes subalternas irrompessem na cena política para reinventar o sentido de certos direitos, conferindo-lhes uma dimensão tangível. A história das lutas dos trabalhadores no século XIX e a constituição da social-democracia como força política capaz de arrancar concessões do capitalismo democrático são os exemplos mais óbvios. O mesmo se aplica a tempos mais recentes e a outros contextos, como o processo de luta pelos direitos civis dos negros norte-americanos na década de 60[6].

A análise do hiato acima referido entre as promessas da democracia e a realidade das ruas deve levar em conta os episódios de violência policial – execuções e atos de tortura – envolvendo as polícias militar e civil no contexto do aumento do número de homicídios na década de 90. O fim da transição democrática, com a eleição de 1989 e a posse do novo Presidente em 1990 assinalaria, pelo menos no nível institucional, a superação do autoritarismo. É certo porém que os cientistas políticos têm dificuldade de caracterizar a década de 90 como um momento de consolidação democrática, preferindo-se falar de uma democracia "não consolidada", tendo em vista dificuldades na afirmação do Estado de direito e no controle da violência ilegal, a manutenção da desigualdade econômica em níveis extremos e a baixa legitimidade das instituições democráticas.

A transição democrática reavivou a velho ideário do liberalismo constitucional segundo o qual os cidadãos são iguais em direitos e o Estado existe para regular conflitos de modo imparcial. O estudo de episódios de violência policial é importante por tocar no ponto nevrálgico dessa promessa de igualdade de direitos que acompanha a titularidade da cidadania. A polícia, que possui a função de manutenção da ordem, quando distorce as regras para implementar uma concepção autoritária da ordem social, mina o chamado Estado de direito e contribui para que a palavra democracia perca boa parte de seu significado, sobretudo para aqueles que compõem a legião das vítimas preferenciais do arbítrio policial.

Uma preocupação dos estudos sobre a matéria é a de analisar as características específicas das corporações policiais brasileiras que servem de estímulo à violência ilegal. Deve-se levar em conta também o fato real do crescimento da criminalidade, utilizado como justificativa para boa parte dos abusos aos direitos humanos perpetrados pelas polícias brasileiras. Além dos aspectos institucionais de organização das polícias, que muitas vezes reproduzem aspectos acentuados durante o regime militar, não se pode deixar de estabelecer as necessárias conexões com os fatores que, presentes de modo difuso na sociedade brasileira, asseguram à violência policial ilegal um campo fértil para deitar suas raízes. Afinal, a história de exclusão social no Brasil

---

6. Sobre a organização dos trabalhadores em classe e a social-democracia como fenômeno histórico, ver: Adam Przeworski, *Capitalismo e Social-Democracia*, São Paulo, Companhia das Letras, 1989.

não começou ontem. As políticas empreendidas para responder ao desafio da violência criminal têm tido como traço constante a marcada brutalidade contra os estratos subalternos da população. Conforme observou Marcos Luiz Bretas, ao analisar a polícia no Rio de Janeiro entre 1907 e 1930: "Nos seus sinais imediatos, visíveis, o relacionamento entre a polícia e o público era permeado pela violência, pelo medo e talvez por uma deferência concedida a contragosto. Não é difícil argumentar que as coisas não mudaram muito no correr do século"[7].

Mas a função da polícia na sociedade contemporânea gera, por si só, tensões naturais. Por um lado, a polícia é um agrupamento especializado que faz uso instrumental dos meios de violência para a produção da ordem social, retirando da esfera privada a regulação dos conflitos e dando uma aparência de imparcialidade à sua solução. Por outro, a restrição ao arbítrio policial existe para impedir a extrapolação da missão legal. Não é difícil identificar, como apontam Antônio Paixão e Cláudio Beato[8], a probabilidade de tensão entre a lei e a ordem como ideais de orientações conflitantes, a última representando controle social e conformidade a padrões esperados de conduta e a primeira impondo restrições ao uso arbitrário de procedimentos utilizados para produzir ordem.

Apesar da tensão inerente ao trabalho policial existir em qualquer sociedade contemporânea, o Brasil da década de 90 tem sido pródigo em exemplos de massacres, execuções e torturas, revelando um padrão de violações sistemáticas de direitos civis que leva a pensar que o almejado equilíbrio entre lei e ordem tem sido quebrado em favor de uma concepção autoritária de ordem, que não conhece os limites legais na sua cruzada contra o crime e os potenciais criminosos. A impunidade serve apenas para reforçar o círculo vicioso da violência e ampliar o hiato entre a letra da lei e as práticas prevalecentes. As cidades do Rio de Janeiro e de São Paulo, as duas áreas metropolitanas mais populosas do país, constituem exemplos paradigmáticos dessas práticas, concentrando grande parte dos episódios de execuções e torturas praticadas pela polícia na área urbana. No entanto, a maior visibilidade de São Paulo e Rio de Janeiro não encobrem evidências de que se trata de um padrão nacional, como se sugeriu no capítulo anterior.

Uma leitura diária dos jornais brasileiros já serviria para constatar, mesmo de maneira não sistemática, que a questão da violência policial não é um fenômeno adstrito àquelas duas cidades. Os mesmos

---

7. Marcos Luiz Bretas, *Ordem na Cidade: O Exercício Cotidiano da Autoridade Policial no Rio de Janeiro (1907-1930)*, Rio de Janeiro, Rocco, 1997, pp. 205 e 206.

8. Sobre a tensão entre lei e ordem no trabalho policial, ver: Antônio Luiz Paixão e Cláudio Beato, "Crimes, Vítimas e Policiais", em *Tempo Social*, 9 (1): 233-48, maio, 1997.

episódios lá constatados são encontrados de forma mais ou menos generalizada em todos os recantos do país. Embora os problemas possam variar de acordo com uma série de variáveis de difícil determinação, os resultados concretos não são menos aterradores: relatos de atrocidades cometidas pelo Brasil afora com amplo apoio, tácito ou ativo, de setores significativos da sociedade. Tendo presente que o fenômeno estudado não se encontra "encapsulado" nas duas cidades mencionadas, este capítulo procurará oferecer uma reflexão preliminar sobre a violência policial que contribua para a avaliação – realizada sobretudo no último capítulo – de alguns dos dilemas que emanam da coexistência entre igualdade jurídica formal e práticas que perpetuam desigualdades flagrantes em termos de exercício efetivo dos direitos garantidos no plano teórico. Procurará também ressaltar os tipos de discurso sobre a violência criminal e sobre as violações de direitos cometidas pela polícia. Esse será um passo prévio para pôr em evidência os pontos de contato entre essas diversas visões da problemática da segurança pública, de um lado, e as receitas fornecidas pelo programa Tolerância Zero da cidade de Nova York, de outro.

Para empreender uma análise da problemática envolvida na violência policial, vale a pena deter-se por alguns instantes na delimitação da ruptura epistemológica necessária à definição do objeto como um problema sociológico. Se a construção de um objeto científico consiste basicamente em romper com o senso comum, ao lidar com a questão da violência policial é necessário estar vigilante para não tomar como um problema sociológico o que não passa de um "problema socialmente produzido", para usar a expressão de Pierre Bourdieu[9]. A delinqüência e a violência policial constituem, assim, problemas sociais – produtos de um trabalho coletivo de construção da realidade social – para o qual um cardápio de soluções é oferecido. O cardápio, entretanto, não se compõe apenas do senso comum vulgar, mas pode abarcar também um conjunto de explicações mais sofisticadas que invade inclusive a academia.

A ruptura que se faz necessária deve, primeiramente, afastar-se do senso comum mais vulgar, aquele que encara a violência policial como uma resposta à altura diante da criminalidade urbana. No imaginário presente tanto no seio das organizações policiais quanto de parcela significativa da população, a figura do bandido é demonizada e o aparelho repressivo deve agir como uma espécie de exorcista, "mandando para o inferno" – segundo uma expressão corrente – aqueles que "optaram" pela carreira do crime. A ruptura, neste caso, consiste em descobrir o que está por trás da pretensa intenção de limpeza da sociedade que parece orientar e justificar a violência policial. Trata-se

---

9. Ver Pierre Bourdieu, "Introdução a Uma Sociologia Reflexiva", em *O Poder Simbólico*, Rio de Janeiro, Bertrand Brasil, 1998, *passim.*

de desvendar a construção de determinados mitos que contribuem para a naturalização da violência contra as chamadas classes subalternas.

A empreitada não deve descuidar, porém, do exame de explicações mais elaboradas, que pretendem, freqüentemente, resolver o problema da violência policial com propostas basicamente legais e/ ou institucionais. Não é o caso aqui de negar a importância de medidas como controle externo da polícia, a orientação conferida pelo comando hierárquico das agências repressivas e outros aspectos organizacionais, mas simplesmente chamar a atenção para o fato de que as práticas de tortura e as execuções têm perdurado a despeito de mudanças macropolíticas (no nível federal e nos níveis estaduais) e reformas introduzidas no funcionamento das polícias. Com efeito, em muitos casos, quando há uma postura contrária às violações de direitos humanos por parte de governantes, pode haver uma redução momentânea na violência policial, mas o padrão anterior não hesita em ressurgir com igual ou maior intensidade assim que a situação política se modifica.

É preciso que se diga que esta tentativa de ruptura não se confunde com uma perspectiva que procura simplesmente desqualificar o senso comum em nome de uma ciência despida de pré-noções e voltada para a construção de um suposto conhecimento objetivo da realidade social. Na verdade, o senso comum não pode ser desconsiderado, pois ele é ao mesmo tempo produto e produtor da teia de relações sociais que sustenta a violência policial e os métodos tradicionais de lidar com a questão da criminalidade. São as representações do senso comum que emprestam sentido à realidade, refletindo e ajudando a reproduzir relações sociais. A ruptura é, portanto, estritamente epistemológica e tem por objetivo problematizar os aspectos da realidade que, por ação do senso comum dominante, parecem dotados de coerência ou são tomados irrefletidamente como auto-evidentes. O estudo do programa Tolerância Zero efetuado no próximo capítulo ajudará a complementar essa ruptura com o senso comum, ao investigar as afinidades entre os discursos correntes sobre a violência na sociedade brasileira e as soluções nova-yorkinas.

Para construir uma tipologia geral das visões sobre a violência criminal e o papel da polícia no Brasil, deve-se começar com a distinção entre dois níveis de análise. Para efeitos didáticos, pode-se dizer que a busca de respostas em relação à problemática da violência gira em torno de dois eixos: i) estereótipos do criminoso e justificação da violência policial, e ii) estrutura institucional, funcionamento e controle do aparelho policial. Antes de explicitar cada um desses eixos, é necessário ter presente que a distinção operada é somente analítica e que os dois componentes da problemática não se encontram separados na realidade do mundo. Ou seja, os dois eixos identificados servem apenas como guias para a compreensão de certos aspectos, presentes tanto no senso comum quanto no registro mais elevado, de uma

realidade que é multifária e, por essa razão, não se presta a explicações totalizantes.
Os eixos servirão também para delimitar o alcance da análise pretendida. Os conjuntos de questões envolvidas nos diferentes eixos identificados buscam desvelar os principais obstáculos para a superação do hiato entre a promessa de igualdade da democracia e a reprodução cotidiana da violência policial ilegal. O primeiro eixo tem por objetivo principal apresentar o senso comum mais vulgar acima referido, ao passo que o segundo eixo concentra esforços em discutir as explicações e teses mais sofisticadas tanto sobre a questão da violência criminal quanto sobre a praticada pela polícia. Ambos eixos não deixam de lidar com nuances, isto é, versões mais elaboradas do senso comum dito vulgar (e que talvez não possam ser consideradas parte do senso comum *tout court*), no caso do primeiro eixo, e postulados próximos ao senso comum derivados de elaborações tidas como mais sofisticadas, no que tange ao segundo eixo. A tipologia de visões do problema da violência permitirá, na terceira seção deste capítulo, efetuar uma síntese dos dois eixos com vistas a obter um mapa das visões mais representativas do fenômeno da violência e o papel da polícia nesse contexto. Esse mapeamento será necessário para que se possa empreender nos próximos capítulos um procedimento de afastamento (ou ruptura, conforme o caso) e aproximação em relação às explicações relativas aos dois eixos mencionados, tendo como fio condutor a preocupação com o significado político da manutenção de fronteiras rígidas entre aqueles que são tratados como cidadãos e os que se encontram excluídos de uma suposta comunidade de direitos.

ESTEREÓTIPOS E JUSTIFICAÇÃO DA VIOLÊNCIA POLICIAL

O primeiro eixo também poderia ser definido como o nível micro das explicações em torno da violência policial e sua razão de ser, visto que se concentra, ao examinar as violências praticadas no dia-a-dia do trabalho policial, nos argumentos utilizados para justificar torturas e execuções sumárias e no tratamento estereotipado conferido a determinados setores da população. Nesse eixo, o que predomina não é tanto a preocupação com o funcionamento institucional do aparelho policial, mas a busca de justificação para que a polícia continue agindo com brutalidade. Trata-se de uma busca incessante de justificação que possui, em sua raiz, a visão de que há uma ameaça que somente pode ser contida com a força. O crescimento dos homicídios seria a prova de que a insegurança demanda um esforço de combate à ameaça que passe pela identificação e repressão dos responsáveis. Nesse eixo, portanto, o que importa observar são os pressupostos que orientam a classificação, a identificação e o tratamento dos criminosos.

A justificação da violência ilegal por parte de policiais parece derivar de uma percepção generalizada sobre o crescimento da criminalidade urbana e a necessidade de remédios radicais como modo de evitar que o mal se espraie por todo o tecido social. Teresa Caldeira[10] identifica este tipo de percepção na cidade de São Paulo, onde a população se sente abandonada pelas autoridades e instituições, que não conseguem conter o avanço da criminalidade. O mal, no caso, é a criminalidade, que é vista como algo contagioso e cujo combate é extremamente difícil caso tenha se apossado do corpo de um delinqüente. A solução não poderia ser mais radical: apóia-se a pena de morte como necessária e, no caso da classe média, constroem-se barreiras simbólicas (preconceitos) e materiais (muros, cercas, condomínios fechados) para isolar e proteger um espaço de convivência social dos perigos exteriores.

Essa percepção da criminalidade parece ter passado a ser a justificativa para os atos de tortura e execuções sumárias, com função análoga à da ideologia de segurança nacional durante o combate aos chamados subversivos sob o regime militar. O criminoso é, assim, "demonizado", considerado um caso perdido e sem a mínima chance de ressocialização. Torturá-lo para obter informações ou matá-lo justifica-se pela simples razão de que, ao ter se bandeado para o lado do crime, adentrou o campo de batalha, tornou-se inimigo, transmutou-se em agente da destruição da sociedade, enfim, renegou sua condição de cidadão merecedor de respeito e submeteu-se ao rigor dos agentes da ordem. Não se trata de uma doutrina formal, mas um conjunto de opiniões e pré-disposições que tendem a legitimar a ação ilegal da polícia como um instrumento de combate à criminalidade violenta. O primeiro aspecto importante a observar neste eixo micro das explicações sobre a violência envolve a crença na irredutibilidade das diferenças: o criminoso seria um ser diferente, cuja corrosão do caráter e corrupção moral não comportariam outra resposta para defesa da sociedade senão a linguagem da violência e da brutalidade.

No senso comum, o medo diante do crime vem acompanhado freqüentemente da construção social do perfil dos prováveis delinqüentes, invariavelmente definidos como pobres, favelados e, quase sempre, negros. Pesquisa de Sérgio Adorno, por exemplo, demonstrou que negros tendem a ser mais perseguidos pela vigilância policial, têm maiores obstáculos de acesso à justiça criminal e maiores dificuldades em usufruir do direito de ampla defesa, resultando em

---

10. Teresa P. R. Caldeira, "Crime and Individual Rights: Reframing the Question of Violence in Latin America", em Elizabeth Jelin and Eric Hershberg (eds.), *Constructing Democracy: Human Rights, Citizenship and Society in Latin America*, Boulder, Westview, 1996.

maior probabilidade de serem punidos comparativamente aos réus brancos[11].

A condenação moral é evidente quando se denuncia o crime como uma doença. O criminoso, por seu turno, é na maioria das vezes equiparado, no senso comum, à expressão acabada de uma patologia social. Nesse diapasão, não haveria outro remédio para salvar a sociedade da destruição e da decadência moral senão a destruição pura e simples dessas ameaças, ou seja, a cura para a enfermidade do crime é a erradicação do mal pela raiz: a eliminação do criminoso, visto como a fonte irradiadora de atos de destruição da harmonia social. A desumanização das categorias sociais identificadas como potenciais criminosos é parte do processo de exclusão da comunidade moral. Nancy Cardia identificou esse sentimento, que consiste em desumanizar determinadas categorias sociais, entre os defensores da pena de morte:

> O ato criminal retiraria do criminoso seus direitos e o colocaria fora da comunidade moral: os presos representam uma ameaça tão profunda que faz com que sejam excluídos do mundo dos humanos. No limite da exclusão nega-se aos excluídos o direito à vida[12].

A justificação da violência policial como única alternativa para combater o mal se conjuga com os estereótipos que identificam os setores supostamente mais propensos ao crime. Esse segundo aspecto é igualmente essencial nos discursos sobre a violência: não basta observar que o mal deve ser erradicado, uma vez que o criminoso dificilmente poderia ser reeducado, é preciso contar também com determinados parâmetros que orientem a ação voltada para erradicação do mal. Em outras palavras, deve-se identificar e classificar a população pelo grau de periculosidade, pelo risco potencial que podem oferecer à segurança da sociedade. Note-se que nem sempre se trata de um raciocínio estratégico tão claro, uma vez que o alvo preferencial da vigilância se impõe quase automaticamente, como efeito da naturalização das desigualdades. De qualquer forma, a sedimentação de estereótipos do criminoso e sua aplicação no cotidiano do policiamento podem ser mais ou menos conscientes, mas não deixam de servir para dirigir os esforços de combate à violência criminal.

Como recorda Alba Zaluar, a "opção preferencial da polícia pelos pobres" vem pelo menos desde o início da República:

---

11. Sérgio Adorno, "Discriminação Racial e Justiça Criminal em São Paulo", em *Novos Estudos Cebrap*, (43):45-63, novembro, 1995.
12. Nancy Cardia, "Direitos Humanos e Exclusão Moral", em *Sociedade e Estado*, X(2): 343-389, jul./dez., 1995, p. 371.

Os bandidos para eles são seres infra-humanos ou desumanos: "elementos", "marginais", "facínoras", "estupradores", rótulos que escondem a ausência de investigação policial e recaem sobre os que se aproximam do estereótipo do bandido, ou seja, o jovem pobre e de cor[13].

O interessante é que, com o tempo, o estereótipo que define o bandido pela condição de pobre, jovem e negro parece apenas ter-se fortalecido, demonstrando a dificuldade de superação da estrutura hierárquica da sociedade, não obstante o discurso igualitário que acompanha a democracia política. Como Alba Zaluar reconhece, o policial continua sendo treinado para vigiar, controlar e reprimir as classes previamente definidas como perigosas, em especial os pobres que habitam as favelas das grandes cidades brasileiras. A lei é, portanto, relativa e passa a ser negociada não apenas em função dos estereótipos que guiam a ação policial, mas também de acordo com a teia de relações que o suspeito consegue estabelecer na porção considerada respeitável da sociedade. A probabilidade do indivíduo preso ou detido ser torturado vê-se substancialmente reduzida quando consegue demonstrar que possui conhecidos na polícia e no judiciário, ou quando, apesar de inequivocamente criminoso, provém dos estratos superiores, educados, "bem-nascidos" da sociedade.

O senso comum, portanto, justifica a violência policial como meio mais eficaz de evitar a desagregação social, cuja causa seria o crescimento da criminalidade. Os estereótipos servem como um guia para ação policial, pois definem previamente os alvos preferenciais da vigilância, classificam e discriminam entre aqueles que devem ser tratados com respeito e os que formam uma clientela incivilizada, que só conhece a linguagem da violência. A análise de senso comum deve afastar a hipótese de que esses estereótipos que orientam a ação policial sejam produto exclusivo da própria instituição policial, no seu trabalho cotidiano de traduzir a lei abstrata em ações concretas. Certamente, em função da natureza do trabalho policial, seria natural esperar da polícia a produção de uma cultura própria que tende a construir uma espécie de diagnóstico sobre os problemas da violência e de como solucioná-los. O trabalho diário com a violência tenderia, portanto, a deixar os policiais mais propensos às soluções igualmente violentas. No entanto, seria simplificar demasiado a realidade aceitar que a natureza do trabalho da polícia, por si só, possa explicar o padrão de violações perpetrado no Brasil.

Verifica-se a incorporação de valores discriminatórios à percepção do mundo e à ação profissional da polícia, que manifestam-se na atitude e na conduta desta com rela-

---

13. Alba Zaluar, *Condomínio do Diabo*, Rio de Janeiro, Revan/Editora UFRJ, 1994, p. 266.

ção à sociedade, reproduzindo o modelo hierárquico das relações sociais e a lógica excludente que permeia suas relações nos diferentes contextos de interação[14].

Essa afirmação deve ser vista não como a corroboração da autonomia da cultura policial em relação ao contexto social, mas a constatação de que a polícia reproduz o modelo hierárquico que permeia as relações sociais em um sentido muito mais amplo. O senso comum, que dá carta branca para as arbitrariedades, por mais paradoxal que possa parecer, possui força não desprezível entre os setores da população mais vulneráveis à violência policial ilegal. De fato, quando a polícia invade barracos na periferia das grandes cidades brasileiras e comete uma variada gama de arbitrariedades contra os moradores das favelas, ela o faz porque possui a certeza de que está agindo de acordo com o que dela espera a sociedade ou as "pessoas de bem". Os sentimentos contraditórios que os moradores das favelas demonstram em relação à polícia não deixam de ser reveladores do poder de convencimento dos mitos construídos em torno da idéia de crime e da caracterização do criminoso. Geralmente, os moradores condenam a polícia por não diferenciar entre bandidos e trabalhadores, tratando todos os habitantes da localidade como potencialmente perigosos. No entanto, quando a polícia faz "justiça", eliminando os verdadeiros bandidos, recebe com freqüência o aplauso da população local.

O apoio que uma parte da comunidade confere às ações extrajudiciais da polícia constitui um questionamento ao estado de direito muito superior ao representado pela ação extrajudicial propriamente dita. A polícia pode exceder-se ou atuar fora das atribuições que a lei lhe outorga, mas isto não representaria um risco tão grande para a democracia e a legitimidade se não tivesse o apoio dos cidadãos.
[...]. A situação é muito paradoxal, pois a comunidade que deveria dizer à polícia "cuidado, respeite os direitos humanos dos cidadãos", está começando a dizer-lhe o contrário, e o está fazendo por medo da violência e da delinqüência. O notável incremento nas taxas de homicídio, que ocorreu em todo o continente latino-americano ao final da década de 80 e início da de 90, fez com que o medo das pessoas de serem vítimas da violência as levasse a apoiar medidas em ato de desespero, por causa da angústia do que lhes poderia ocorrer e por um desejo de vingança ante o que já haviam sofrido[15].

O senso comum é maniqueísta, vê a luta contra o crime como uma espécie de luta do bem contra o mal. Trata-se de uma cruzada moral para assegurar a harmonia do todo, excluindo do convívio as partes podres da sociedade. Os policiais seriam "lixeiros da socieda-

---

14. Marcos Luiz Bretas e Paula Poncioni, "A Cultura Policial e o Policial Civil Carioca", em Dulci Chaves Pandolfi *et alii* (orgs.), *Cidadania, Justiça e Violência*, Rio de Janeiro, FGV Editora, 1999, p. 163.
15. Roberto Briceño-León; Leandro Piquet Carneiro e José Miguel Cruz, "O Apoio dos Cidadãos à Ação Extrajudicial da Polícia no Brasil, em El Salvador e na Venezuela", em Dulce Chave Pandolfi *et alii* (orgs.), *op. cit.*, pp. 126 e 127.

de" com a função de eliminar os elementos maus e preservar os bons. Essa visão da luta contra o crime se superpõe aos estereótipos do criminoso na ação cotidiana da polícia. Não seria difícil encontrar explicações que, mesmo não reproduzindo o senso comum em todas suas implicações, tendem a reforçá-lo em alguma medida. Esse é o caso da perspectiva que procura diferenciar bandidos e trabalhadores, sem contudo romper com a visão maniqueísta do mundo, isto é, a idéia de separar o joio do trigo. Seguindo um nível crescente de sofisticação, encontrar-se-ia uma visão que mesmo rejeitando a prática da violência ilegal como instrumento de combate à criminalidade, não deixa de reforçar essa mesma violência ao aceitar, ainda que com qualificações, alguns dos estereótipos mencionados.

Conforme nota Teresa Caldeira:

> O senso comum associa o crime à pobreza. Todas as pessoas pobres, portanto, estão simbolicamente próximas da imagem do criminoso. Os preconceitos vêm de todos os lugares e são traduzidos na prática quando as pessoas tentam relativizar os estereótipos disponíveis. De várias maneiras os pobres são alvo, representando o lado de baixo da sociedade, aqueles que se encontram nas suas franjas, definindo suas fronteiras. Simbolicamente, as pessoas pobres são sempre mantidas próximas dos criminosos[16].

É comum encontrar quem defenda uma relação de causalidade quase direta entre pobreza e criminalidade, ignorando a existência de crimes praticados pelos estratos superiores, os assim chamados crimes de colarinho branco. Esse tipo de concepção é comum até mesmo no pensamento de esquerda, que procura associar o crescimento da criminalidade ao incremento da pobreza e da miséria, como se a relação fosse mecânica e automática. De acordo com Ana Maria Quiroga Fausto Neto, a necessidade de buscar causas para o mal-estar da civilização urbana contemporânea fez desenterrar inúmeros estereótipos em relação a grupos e segmentos sociais. Dessa maneira, revigora-se o mito das classes perigosas, voltado sobretudo para a pobreza e as favelas.

Segundo a autora, o reconhecimento social das favelas como territórios urbanos ocupados por uma população pauperizada vem acompanhado de inúmeros estereótipos que são periodicamente revitalizados e reatualizados. Não se trata de fenômeno exclusivo do Brasil. Quiroga Fausto Neto nota que, também nos países desenvolvidos, as sociedades, misturando "ciência social espontânea", jornalismo e senso comum, têm visto a ascensão da violência nos guetos e áreas pobres de grandes centros urbanos como fruto do comportamento delinqüente e amoral de elementos inferiores, da influência do crime organizado, ou resultado de ódios raciais e intergrupais. No Brasil, as

---

16. Teresa P. R. Caldeira, *City of Walls: Crime, Segregation and Citizenship in São Paulo*, University of California at Berkeley, PhD Dissertation, 1992, p. 95.

favelas teriam voltado à cena como objeto de um profundo processo de discriminação e estigmatização de sua população, mas o fenômeno não estaria desconectado de processos mais gerais:

as favelas cariocas voltam à cena como representantes de um processo de globalização que tem, inerente a ele, uma territorialização segregada social e espacialmente, onde conflitos, desordens e ilegalismos são, ao mesmo tempo, conseqüências e causas de fissuras no tecido social, desencadeadas por desigualdades e estigmatizações históricas que foram reatualizadas e potencializadas pelos novos tempos[17].

O processo de estigmatização certamente aparece de modo mais nítido entre policiais, mas não é seu apanágio. Ao estudar o tribunal do júri do Rio de Janeiro, Alessandra Rinaldi encontrou farto material para demonstrar a utilização de estereótipos por parte de outros operadores do direito, como promotores de justiça e advogados criminais.

Quando, num tribunal do júri, o advogado de defesa está diante de um réu originário da favela e branco, não hesita em usar, de maneira implícita, o argumento de que, por não apresentar em seu corpo uma das marcas que o incluiria numa tipologia de delinqüente, ele é então inocente. Não se diz "esse homem é branco", mas "um sujeito desse não tem cara de marginal".

[...] Em certas falas, esses profissionais [os advogados] afirmam que nem todos os favelados são marginais; que ter contato com eles não oferece perigo; que existem favelados honestos e trabalhadores. O que permanece, no entanto, é que toda vez que procuram renegociar a identidade do favelado, o ponto de partida é o estigma, o lugar da "anormalidade", da anomia, da carência. Por isso, mesmo quando se usam *símbolos de prestígio*, tais como uma folha penal limpa e uma carteira de trabalho, permanece a categorização mais geral acerca desse grupo. Favelado continua sendo "marginal", e os que não confirmam a regra são exceção[18].

Um dos efeitos mais concretos da estigmatização dos favelados e pobres, sobretudo jovens e negros, já foi mencionado no capítulo 1. Não é fortuito que as mortes e ferimentos causados pela polícia nas favelas sejam muito maiores do que nos bairros mais abastados das cidades. A predisposição para agir com brutalidade deriva em grande medida da convicção de que as favelas e os bairros pobres constituem terreno onde vicejam criminosos potenciais e reais, onde vive uma população naturalmente perigosa, propensa, pela inexistência de uma moralidade forte, a cair na tentação do crime. O "gatilho fácil" da polícia nas favelas, portanto, não é um resultado apenas do perigo real do crime organizado, cada vez mais cruel e tirânico, mas também des-

---

17. Ana Maria Quiroga Fausto Neto, "Violência e Dominação: As Favelas Voltam à Cena", em *Sociedade e Estado*, X (2): 417-438, jul./dez., 1995, p. 433.
18. Alessandra de Andrade Rinaldi, "Marginais, Delinqüentes e Vítimas: Um Estudo sobre a Representação da Categoria Favelado no Tribunal do Júri da Cidade do Rio de Janeiro", em Alba Zaluar e Marcos Alvito (orgs.), *Um Século de Favela*, Rio de Janeiro, FGV Editora, 1998, pp. 317 e 318.

sa estigmatização que tende a assimilar a favela a um espaço externo ao mundo dito civilizado. Afinal, alguém conseguiria imaginar um massacre similar ao da favela de Vigário Geral, referida no capítulo anterior, em algum bairro de elite do Rio de Janeiro? Os estereótipos relacionados ao criminoso diminuem o escopo do trabalho policial, uma vez que a segurança pública passa a ter um foco mais preciso. Nesse sentido, torna-se uma espécie de profecia autocumprida. Os esforços na área de segurança pública são assim contaminados pela visão estereotipada, favorecendo a busca de soluções para os problemas da criminalidade pela escolha prévia do alvo preferencial. Se a atenção dos policiais se volta para um determinado espaço geográfico, provavelmente os crimes lá cometidos serão dignos de nota. Por isso, quando se fala de segurança pública, o que vem à mente das autoridades e de boa parte da população é a ameaça representada pelos estratos que vivem nas favelas e bairros periféricos, no caso das áreas urbanas. A brutalidade policial, cometida nessas bordas da sociedade, é, na pior das hipóteses, tolerada como um "dano colateral", para usar um termo do direito humanitário que descreve as conseqüências não desejadas, porém inevitáveis e até mesmo aceitas, de ataques aos alvos militares inimigos em situações de guerra.

FUNCIONAMENTO E CONTROLE DO APARELHO POLICIAL

Os discursos sobre a violência policial e sobre o controle da criminalidade também se expressam na defesa de reformas institucionais. Muitas vezes, essas idéias de reformas são influenciadas, direta ou indiretamente, pelos estereótipos que orientam a ação policial e se encontram disseminados na sociedade. Numa versão mais passível de sofrer a influência dos estereótipos e estigmas relacionados à idéia do criminoso como pobre, negro e favelado, reduz-se o problema do funcionamento dos aparelhos repressivos seja a uma questão técnica e administrativa (meios eficazes para investigar e prender), seja a uma questão quantitativa (mais polícia nas ruas, mais vigilância, mais punição). Outra versão, certamente mais generosa mas não menos simplificadora, vê no campo institucional a solução para evitar os abusos, ultrapassar os estereótipos e combater o crime com mais eficiência. Esta última versão mais sofisticada, certamente minoritária, é intuitivamente consciente dos estereótipos e de seus efeitos nocivos sobre a democracia.

Os discursos mais sofisticados desse segundo eixo partem do pressuposto de que há evidências de que os aspectos institucionais e a organização do aparelho repressivo podem servir de combustíveis à violência ilegal, além de serem responsáveis pela ineficiência na consecução do objetivo de redução da criminalidade. Dessa perspectiva, as relações sociais autoritárias que são ao mesmo tempo refletidas e reproduzidas no trabalho cotidiano do policiamento poderiam, portanto, sofrer uma alteração importante se reformas institucionais e de controle dos aparelhos repressivos fossem implementadas. Com efeito, toca-se aqui na discussão clássica do monopólio da violência legítima e das características do Estado de direito. A exposição das explicações relativamente sofisticadas deste segundo eixo constitui uma tarefa mais complexa, pois a crítica, como ficará evidente na próxima seção, deve se dirigir contra aspectos sutis, sem invalidar a preocupação com o controle democrático das polícias e com a reforma de seus métodos de gestão.

A polícia emerge historicamente como agrupamento especializado para o exercício de violência física legítima, que passa a ser monopólio do Estado. Primeiramente, a centralização dos meios de violência nas mãos do Estado ocorre sem que haja uma contrapartida em termos de garantias aos cidadãos. É o modelo hobbesiano de Estado em que o poder absoluto se justifica desde que garanta aos membros do corpo político o direito à vida. Num segundo momento histórico, no entanto, entram em cena considerações de outra ordem, como a necessidade de limitar o poder dos governantes. Ainda que os primeiros beneficiários deste segundo movimento tenham sido muito limitados, basicamente a burguesia do século XVIII, a idéia liberal de que o Estado precisa ser controlado permaneceu e serviu de plataforma para a extensão da cidadania nos séculos XIX e XX[19].

Esse processo histórico resultou no monopólio da violência que é exercido nos limites do Estado de direito, isto é, com base em regras claras e procedimentos de fiscalização e controle públicos do aparelho repressivo de Estado. Simultaneamente, uma carta de direitos e garantias deveria impedir que a ordem social fosse simplesmente imposta. Na democracia liberal, assim concebida, a manutenção da ordem social deve significar o controle da violência privada por intermédio da imposição da ordem, mas num contexto de regras compartilhadas e garantias constitucionais amplamente aceitas. Coerção e consenso deveriam, nesse sentido, conviver lado a lado, o segundo garantindo a legitimidade da primeira, que, por sua vez, assegura a continuidade dos processos de produção legítima de decisões.

De acordo com parte da literatura especializada, a continuidade da violência policial na década de 90 dá mostras de que o Estado de

---

19. A formulação clássica do conceito de cidadania como o exercício de direitos que permitam a participação integral na comunidade é de T. H. Marshall. Para o autor, a cidadania completa constituiu-se historicamente em três momentos. A cidadania civil forma-se no século XVIII; a cidadania política consolida-se no século XIX e a cidadania social se afirma no século XX. Ver: T. H. Marshall, *Cidadania, Classe Social e Status*, Rio de Janeiro, Zahar, 1967.

direito no Brasil passa por dificuldades não desprezíveis. A incapacidade do Estado brasileiro de controlar as próprias ações dos agentes públicos encarregados de aplicar a lei conjuga-se com a impunidade, ou seja, a incapacidade de punir uma vez cometidos os abusos. As razões organizacionais ou institucionais para a falta de eficácia e de controle da polícia aparentemente são inúmeras. A título de orientação, e sem pretensão de ser exaustivo na enumeração, seria possível identificar um conjunto de fatores geralmente apontados como capazes de dar uma resposta acerca das dificuldades para o controle e a eficácia da atuação policial.

Deve-se identificar algumas diferenças entre as polícias civil e militar. O fato de a polícia militar envolver-se com mais freqüência do que a civil em episódios em que ocorrem execuções geralmente é atribuído ao seu papel de policiamento ostensivo, que pela sua natureza favorece os enfrentamentos armados. Infelizmente isto não explica por que motivo o número de mortes produzidas todos os meses pela PM paulista ou carioca supera com freqüência a cifra anual das mortes produzidas pela polícia de Nova York[20]. Ao que parece, a organização militar da PM reforçaria a ideologia do delinqüente como inimigo, visto que o policial entra numa organização que o treina para uma guerra. As mortes, que deveriam ser desestimuladas, são computadas como atos de bravura, pouco importando que o confronto pudesse ser evitado por algum tipo de negociação. Não há espaço para a negociação no campo de batalha.

Ainda no que diz respeito à PM, deve-se atentar para a impunidade gerada pela existência da Justiça Militar. O regime militar, mais especificamente o chamado pacote de abril de 1977, criou a Justiça Militar que, entre outras atribuições, passou a julgar crimes cometidos pelos integrantes da PM[21]. O policial militar que é submetido a julgamento pelos próprios pares, aparentemente, goza de tratamento condescendente, sem falar na grande demora para o desfecho do processo, o que muitas vezes gera a prescrição do crime. Esse sistema, ao favorecer a impunidade, estimularia a violência ilegal e permitiria que a luta contra o crime continue se equiparando a uma verdadeira guerra. A certeza de poder continuar agindo impunemente tornaria o poli-

---

20. A título de ilustração, vale mencionar que, em 1992, quando o contingente da Polícia Militar do Estado de São Paulo e o número de policiais da cidade de Nova York eram equivalentes (cerca de 38 mil homens), a polícia nova-yorkina matou 24 civis em confrontos, ao passo que a PM paulista matou 1.470 ou a espantosa cifra de mais de 4 pessoas por dia em média. (Fonte: Paul Chevigny, *Edge of the Knife, op. cit., passim.*)

21. Uma mudança na legislação transferiu para a esfera da Justiça Comum a competência para processar e julgar os crimes dolosos contra a vida praticados por policiais militares contra civis. Ainda é cedo, porém, para avaliar o impacto dessa mudança sobre a redução da impunidade.

cial mais propenso a cometer abusos, visto que estaria livre do efeito dissuasivo da pena.

Já a polícia civil tem sido individualizada como a principal responsável pelos casos de torturas, geralmente cometidas no próprio recinto das delegacias de polícia. O seu papel de polícia de investigação explica em parte a maior incidência de casos de tortura, que é facilitada quando a vítima se encontra totalmente sob controle e o torturador conta com o abrigo das quatro paredes da sala de tortura. Mas a banalização da tortura como instrumento de investigação policial, prática corriqueira nas delegacias[22], não seria explicada apenas pela vigência da ideologia do inimigo a ser aniquilado, que desumaniza o suspeito e o criminoso. Fala-se também da necessidade do policial mostrar serviço e resolver rapidamente os casos. Do ponto de vista institucional, que é o foco de interesse nesse segundo eixo, poder-se-ia aventar a possibilidade de que a falta de um treinamento específico que valorize a produção de provas materiais, e não apenas testemunhais, e confira ao policial o *know how* necessário para que desvende os crimes e apure as responsabilidades, leva a uma sensação de impotência que estimula a solução fácil representada pela obtenção forçada de confissões.

Duas outras afirmações de caráter mais geral se aplicariam às duas polícias. Primeiramente, a violência ilegal conseguiria proliferar mais facilmente em virtude da inexistência de mecanismos eficazes de controle, tanto internos quanto externos. As corregedorias de polícia parecem pouco dispostas a levar a cabo a missão de controle, muito provavelmente em razão do corporativismo. O controle externo dificilmente ultrapassa a mera formalidade, tendo o Ministério Público papel figurativo enquanto não receber um inquérito que indicie um suspeito. Ainda sobre controle externo, só muito recentemente (1996) criou-se a Ouvidoria de Polícia em São Paulo para receber denúncias da população. Outros Estados seguiram o exemplo de São Paulo e conseguiu-se uma maior transparência dos dados sobre a violência policial. Os resultados obtidos pela Ouvidoria de São Paulo, que processa as queixas e produz estatísticas regularmente, serviram para afastar policiais violentos, dar tratamento psicológico aos envolvidos em confrontos com mortes e, nesse sentido, representaram alguns avanços significativos. No entanto, o padrão de violações dos direitos humanos por parte da polícia paulista nos últimos anos, como evidenciado no capítulo 1, não deu mostras de ser alterado em seu âmago.

A segunda afirmação de caráter geral tem alcance mais amplo do que apenas em relação ao fenômeno da violência policial ilegal. A notória morosidade e a ineficácia do Judiciário em responder a con-

---

22. Ver: Guaracy Mingardi, *Tiras, Gansos e Trutas: Cotidiano e Reforma na Polícia Civil*, São Paulo, Scritta, 1992.

tento à demanda por prestação jurisdicional, passando a impressão de que somente a Justiça pelas próprias mãos resolve conflitos e coíbe a criminalidade, contribuiriam decisivamente para a violência policial. O apoio popular aos massacres de detentos, tal como o ocorrido na Casa de Detenção do Carandiru (São Paulo), em 1992[23], e a ocorrência de linchamentos seriam evidências desse processo desolador consubstanciado na falta de confiança nas instituições encarregadas da manutenção do Estado de direito. A ambigüidade dessa situação reside no fato de que a própria polícia, apesar de considerada tão ineficaz quanto o Judiciário, recebe o apoio popular quando extrapola sua missão constitucional para administrar uma justiça claramente sumária e ilegal. Ou seja, quando, aos olhos do senso comum dominante, torna-se eficaz e produz os cadáveres que purificam a sociedade.

Não obstante a indubitável importância do controle legal da polícia e do esforço de dotá-la de profissionalismo, não chegam a ser raras as situações em que mesmo observadores argutos da realidade brasileira caem na tentação de oferecer soluções puramente institucionais para o problema da violência policial ilegal. Mesmo aqueles que enxergam nos abusos a manifestação de uma espécie de "autoritarismo socialmente implantado"[24], no momento de apontar caminhos, muitas vezes não transcendem as propostas de reforma institucional e estabelecimento de uma real *accountability* (responsabilidade e prestação democrática de contas) dos agentes encarregados de fazer cumprir a lei ou, alternativamente, fazem referências genéricas à vigência, em diferentes contextos sociais, de "microdespotismos" que são vistos como herança do passado colonial e escravista.

O diagnóstico pode estar correto, mas o remédio parece insuficiente. Tome-se o exemplo de texto escrito por um dos mais conhecidos analistas da violência brasileira. Depois de constatar que a transição democrática não eliminou a violência ilegal, o autor conclui que a explicação deve ser procurada na manutenção da tradicional estrutura de dominação. Sob esse prisma, deve-se ir além das instituições macropolíticas e levar em conta as microdimensões do poder:

> Queremos abrir a discussão para algumas abordagens em microssociologia e encontrar instrumentos analíticos que possam ajudar a pesquisa a ultrapassar a ênfase na

---

23. Apesar da indignação de uma parcela da opinião pública, especialmente identificada com a luta pelos direitos humanos, uma pesquisa feita à época do incidente pela Rádio Jovem Pan de São Paulo indicou que mais de 60% dos entrevistados apoiavam a ação da Polícia Militar que resultou na morte de 111 presos, não obstante as claras evidências de execução sumária encontradas nos corpos.

24. A expressão é de Guillermo O'Donnell e refere-se ao fato de que o autoritarismo em países como Brasil e Argentina diz respeito não somente ao Estado, mas também a uma sociedade que se mantém fortemente hierarquizada. Ver: Guillermo O'Donnell, *Contrapontos: Autoritarismo e Democratização*, São Paulo, Vértice, 1986, *passim*.

abordagem institucional macropolítica das análises da transição, para entendermos os microdespotismos que sobrevivem depois das ditaduras[25].

O diagnóstico, como foi dito, é perfeito. Mas como transformar as relações de poder inscritas no nível micro das relações sociais? Como mudar as relações assimétricas de poder no dia-a-dia dos contatos do aparelho de Estado com sua clientela? Em outro texto, o autor oferece uma pista:

> A principal prioridade deve ser a erradicação das formas mais insustentáveis de injustiça social e de exclusão, de um lado, assim como, de outro, a restauração dos direitos humanos, pela quebra do círculo vicioso do "vácuo institucional", violência social, e persistência da impunidade. Sem a mobilização de todas forças e a participação massiva da população, a democracia permanecerá em perigo[26].

Se as mudanças institucionais no nível macropolítico não possuem o poder mágico de mudar a cultura política ou acabar com o autoritarismo socialmente implantado, como acredita o autor, o poder demiúrgico parece ser transferido, na passagem acima citada, para reformas institucionais pontuais: na polícia, para instituir controles internos ou externos e eliminar o vácuo institucional representado pela fissura no monopólio da violência física legítima; no sistema judicial, para torná-lo capaz de punir violadores de direitos humanos e criminosos em geral. A importância dessas reformas é inquestionável para a redução da violência policial, mas sem que se dissolvam os mitos e o senso comum que ajudam a reproduzir a estrutura hierárquica da sociedade, objetos do primeiro eixo deste capítulo, parece pouco útil fazer profissão de fé nas mudanças institucionais.

Outra tendência presente em determinados estudos é a de encarar o aparelho repressivo de Estado como instrumento da classe dominante. Ainda que, na prática, a polícia atue como tal, não é possível dizer que, no contexto dos anos 90, uma classe tenha se assenhoreado do aparelho repressivo de Estado para fazer avançar seus interesses estratégicos de manutenção do *status quo*. Pode-se fazer a mesma ponderação para a noção segundo a qual a história do Brasil se caracteriza por um padrão persistente de exclusão das classes subalternas dos recursos de poder. Ambas variações sobre o mesmo tema perdem de vista os mecanismos mais sutis das relações sociais que não obedecem necessariamente a uma lógica única e invariável. A explicação baseada no caráter estrutural e histórico da violência contra as classes

---

25. Paulo Sérgio Pinheiro, "Autoritarismo e Transição", em *Revista da USP*, (9):45-56, mar./abr./maio, 1991, p. 45.
26. Paulo Sérgio Pinheiro, "Popular Responses to State-Sponsored Violence in Brazil", em Douglas Chalmers *et alii* (eds.), *The New Politics of Inequality in Latin America*, Oxford, Oxford University Press, 1997, p. 280.

populares é insuficiente por duas razões principais: 1) poderia levar à conclusão de que o sucesso das classes populares, por meio de seus representantes tradicionais (partido, sindicato), na luta macro-política teria um efeito irradiador capaz de alterar automaticamente práticas como a da violência policial contra a população marginalizada; 2) ao trabalhar, em geral, com o conceito de classe social no sentido de lugar ocupado do processo produtivo, essa perspectiva se torna pouco eficaz como instrumento de análise de um universo em que as identidades e representações se definem a partir não apenas da condição econômica, mas também em função de elementos como local de moradia, faixa etária e cor da pele.

Seria possível identificar ainda duas formas menos sofisticadas de tratar o funcionamento e o controle do aparelho policial. A primeira consiste em operar uma redução do problema da violência ilegal a uma questão técnica e administrativa. Bastaria, para resolver o problema da extrapolação da missão legal por parte de policiais, oferecer bons salários, promover um recrutamento mais seletivo, proporcionar melhores cursos de formação, aparelhar a contento a polícia (armas, viaturas, recursos avançados de investigação, informatização e aperfeiçoamento do sistema de informação e comunicação). Com todas essas melhorias, o policial não mais se sentiria impotente diante dos criminosos e, portanto, deixaria de procurar fazer justiça de forma atabalhoada e sem critérios legais. Além disso, seria possível atingir um nível de excelência na gestão da segurança pública capaz de reduzir a criminalidade. Seria a combinação do respeito aos direitos do cidadão com o efetivo controle da criminalidade.

Alguns estudiosos da violência policial tentam explicá-la pela falta de profissionalismo das polícias, que as impeliriam a agir de forma violenta. A violência seria uma maneira de tentar suprir a falta de métodos mais eficientes e civilizados de investigação e policiamento. Por essa razão, embora os governantes tenham deixado, em sua maioria, de apoiar o uso da violência policial, a situação não teria melhorado com a transição democrática.

> As autoridades não conseguiram controlá-lo [o uso da violência policial] efetivamente, em parte porque não implementaram políticas de segurança pública que visem a aumentar o grau de profissionalismo das polícias e dos policiais, oferecendo aos policiais instrumentos capazes de minimizar a necessidade do uso da força física no desempenho das funções policiais[27].

A segunda forma se desdobra, por sua vez, em duas versões, ambas coincidindo na necessidade de maior punição. A diferença, nesse caso, é que o discurso daqueles que justificam a violência policial

---

27. Paulo Mesquita Neto, "Violência Policial no Brasil: Abordagens Teóricas e Práticas de Controle", em Dulce Chaves Pandolfi *et alii* (orgs.), *op. cit.*, p. 147.

com base na necessidade de eliminação do mal pede, na grande maioria das vezes, simplesmente mais polícia para combater o crime. O problema da violência ilegal não chega a ser posto, visto que a verdadeira questão é a guerra ao crime e aos criminosos, sem piedade nem compaixão. Trata-se de punir os criminosos e coibir potenciais delinqüentes com mais polícia nas ruas, o que significa mais confronto e administração sumária da justiça. As vicissitudes da segurança pública são reduzidas a uma questão de déficit de polícia e de vigilância, por isso se exige mais rondas e uma pré-disposição para abordar e agir sem meios-termos diante dos suspeitos[28].

A outra versão da demanda por mais punição procura adequar-se às exigências do devido processo legal. O discurso das organizações de defesa dos direitos humanos e de parte da esquerda é pontilhado de referências à questão da impunidade. Uma vez mais é preciso reconhecer que a impunidade, indubitavelmente, é parte do problema, mas dificilmente um grau mais elevado de punição dos violadores dos direitos humanos teria como resultado uma diminuição na mesma medida dos índices de abusos. Se é inegável que a punição de criminosos e violadores deve ser um objetivo permanente, não deixa de ser prudente observar que essa bandeira, quando eleita como prioridade número um, pode simplificar o debate. A palavra de ordem "fim da impunidade", ao tornar-se o foco principal dos defensores de direitos humanos, desvia a atenção que poderia recair sobre outros aspectos da reprodução da violência policial.

O traço comum que une todos os discursos relacionados à reforma e ao controle institucional é a fé no poder demiúrgico das instituições estatais. Na versão tradicional, enfatiza-se o poder de uma polícia fortalecida pela carta-branca dada pelas autoridades eleitas e pelo público. É a tradução fidedigna, no campo das instituições encarregadas de manter a lei e a ordem, do autoritarismo socialmente implantado. O Estado forte e repressor seria o único modo de garantir soluções reais para os problemas da criminalidade violenta. Não haveria solução além da repressão pela polícia, a qual poderia até mesmo extrapolar sua missão legal, desde que seja impiedosa apenas com os criminosos. No outro extremo estão as versões mais abertas aos valores democráticos, que mantêm os ideais de eficiência no combate à criminalidade e de respeito aos direitos humanos como dois objetivos compatíveis e indissociáveis. Essas versões tendem a ser mais sofisticadas, mas fre-

---

28. Esse tipo de pensamento, segundo alguns autores, é componente de um fenômeno que tem caracterizado recentemente inclusive países desenvolvidos: a substituição progressiva do Estado de bem-estar pelo "Estado penal". No contexto da crítica ao neoliberalismo, alguns autores têm afirmado que o Estado deixa de prover serviços públicos e proteção social e é reduzida, pouco a pouco, a sua função policial. Essa questão será tratada detidamente no próximo capítulo. Ver entre outros: Pierre Bourdieu, *Contrefeux*, Paris, Liber Raisons d'Agir, 1998, p. 37.

qüentemente sucumbem à tentação de superestimar o papel transformador das reformas institucionais, minimizando a importância do obstáculo representado pela reprodução cotidiana dos estereótipos e das relações sociais hierárquicas.

DISCURSOS SOBRE CRIMINALIDADE E VIOLÊNCIA POLICIAL

O esforço por trilhar um caminho próprio não pode ser levado a efeito sem que se definam pontos de congruência e de oposição às visões da violência policial aqui identificadas. Algumas críticas já foram explicitadas durante a própria exposição dos dois eixos construídos. No entanto, cabe agora complementar o trabalho de delimitação das fronteiras da análise a partir da tipologia de visões acerca da violência e do papel da polícia. Faz-se mister insistir que, ao criar essa tipologia, não se pretende abarcar todas as variantes possíveis e perspectivas existentes, mas tão-somente pôr em evidência um número limitado de aspectos que, numa análise geral do problema, parecem ser úteis à compreensão das políticas de segurança pública e das práticas policiais levadas a efeito como resposta ao crescimento do fenômeno da violência criminal em um contexto de contradição entre democracia política, de um lado, e exclusão sistemática de parcela da população do exercício da cidadania em seu sentido mais elementar, o do respeito aos direitos civis básicos (direito à vida e proteção contra a tortura), de outro.

Com vistas a facilitar a retomada da discussão, vale a pena resumir os tipos de visões ou perspectivas sobre a violência policial e a criminalidade, tendo presente que, na realidade diária, esses tipos podem aparecer muitas vezes combinados. No eixo número 1, relativo à justificação da violência policial e aos estereótipos do criminoso, aparecem os seguintes tipos de discurso: 1a) a violência policial é necessária para combater o lado podre da sociedade e o mal que ameaça desagregar a sociedade e generalizar a insegurança; 1b) os pobres, negros, favelados são os alvos da vigilância porque descambam facilmente para o crime, pois convivem diariamente com a violência e só conhecem essa linguagem; 1c) a violência policial deve diferenciar entre os realmente criminosos e aqueles que, apesar de viverem à margem da sociedade, são trabalhadores e, portanto, merecedores de respeito; 1d) a situação de miséria e pobreza reduz oportunidades e leva necessariamente ao crime como forma de vida.

No segundo eixo, voltado para a questão do funcionamento e controle do aparelho policial, são evidentes as seguintes perspectivas: 2a) o controle da violência policial passa pelo estabelecimento de instituições internas e externas de fiscalização, além de outras reformas instucionais que garantam a *accountability* dos agentes encarregados de fazer cumprir a lei; 2b) a violência policial é reflexo da dominação de uma classe ou de uma exclusão estrutural, histórica e atávica, no Brasil, das classes populares dos recursos de poder; 2c) a violência policial seria facilmente controlada se fossem garantidos à polícia os recursos materiais e humanos necessários ao bom desempenho de suas funções; 2d) o problema do funcionamento do aparelho policial se resume à punição rigorosa, quer por meio de uma política de guerra sem compaixão contra os criminosos e suspeitos, numa versão próxima ao discurso de direita, quer por intermédio do fim da impunidade dos violadores de direitos humanos, numa perspectiva considerada de esquerda.

Eixos	A	B	C	D
1. Justificação da violência policial e estereótipos	Violência policial necessária e eficaz	Pobres criminosos	Trabalhador não é bandido	Miséria gera criminalidade
2. Funcionamento e controle da polícia	Fiscalização e controle da polícia	Dominação de classe e exclusão	Recursos humanos e materiais para a polícia	Mais punição e fim da impunidade

No que tange ao eixo número 1, os tipos "1a", "1b" e "1c" aparecem geralmente superpostos, informando decisões e atitudes muitas vezes de modo subliminar e até mesmo inconsciente. Em relação a esses tipos, é evidente que se deve proceder a uma ruptura, de modo a identificar seus elementos como mitos e representações que tendem a perpetuar o tratamento discriminatório e menos favorável a determinadas categorias de cidadãos que se enquadram no estereótipo do criminoso. Do mesmo modo, é necessário procurar as raízes do discurso maniqueísta, que vê a questão da criminalidade como uma luta do bem contra o mal. A facilidade com que se defende as soluções finais, como a execução sumária de delinqüentes, parece revelar o descrédito em relação a alguns pilares do Estado moderno liberal-democrático, uma vez que os chamados "direitos fundamentais da pessoa humana" aparecem como um estorvo para a manutenção de um certo ideal de sociedade harmônica.

Devem-se investigar também, para além da mitologia a respeito da figura do criminoso que opera no imaginário social, os prováveis elementos que dão suporte real a tais construtos simbólicos. Nesse sentido, o senso comum chama a atenção para fatos concretos, para uma experiência de convivência com um medo que, apesar de reforçado pelas representações, tem como um de seus pilares o crescimento real dos crimes violentos nas grandes cidades brasileiras. Não obstante, ao lidar com essa questão, deve-se tomar o devido cuidado para não jogar água no moinho do senso comum, buscando, ao contrário, entender o caráter falacioso na associação entre pobreza e criminalidade e se afastar do tipo "1d". O tema do eixo 1 será retomado adiante, no próximo capítulo, quando se examinar o significado político do programa Tolerância Zero. Por enquanto, deve-se ressaltar que os estereótipos são uma poderosa lente através da qual a violência é interpretada e reinterpretada. Em suma, os estereótipos não são meras invenções, possuem um substrato concreto na exclusão sistemática daqueles que são estigmatizados e, portanto, expulsos na prática da comunidade de direitos e, cada vez mais, da comunidade dos consumidores.

Os estereótipos são produtos e produtores da exclusão social, são resultado de uma ordem excludente que ajudam a reproduzir em sua aplicação diária em diferentes domínios da vida social. Dessa maneira, contribuem para classificar os cidadãos em diferentes estratos, ou seja, entre os merecedores de respeito e os que podem ser tratados com descaso pelos estatutos legais estabelecidos. O grau de desrespeito àqueles que possuem no corpo as características que se encaixam no estereótipo do criminoso será tanto maior quanto mais superficial e abstrata for, numa sociedade, a idéia de igualdade. Se a igualdade jurídica deixa de ser uma mera formalidade em relação à qual não se presta mais do que uma homenagem retórica, os estereótipos podem perder força, deixando de determinar em todas instâncias o tratamento dispensado aos cidadãos. É difícil precisar em que medida cada sociedade consegue dar um substrato concreto à idéia de igualdade, mas parece ser inegável que o maior ou menor êxito nesse sentido depende menos de decisões tomadas de cima para baixo, a partir de posições de autoridade no âmbito do Estado, do que da efetiva mudança da balança de poder no nível micro das relações sociais.

É necessário observar que no Brasil a tradição tem sido a de um alto grau de formalidade na idéia de igualdade. Com efeito, os rigores da ordem estão longe de serem iguais para todos, como já apontaram inúmeros estudiosos da violência no Brasil. A constatação de Roberto Kant de Lima é particularmente reveladora:

> A necessidade de descobrir a verdade através da confissão torna-se responsável pelo uso socialmente legitimado da tortura como técnica de investigação. A tortura física é cometida, evidentemente, contra a lei e contra a definição legal brasileira de direitos humanos [...]. Claro, a tortura é usada principalmente quando a pessoa envolvida na investigação é classificada como marginal – delinqüente ou pertencente a classes inferiores –, não possuindo status social e econômico e não estando ligada a nenhum grupo que possa punir os policiais pelo abuso de poder[29].

Diferentemente da violência política do regime militar, como já foi ressaltado, que afetava principalmente ativistas políticos oriundos

---

29. Roberto Kant de Lima, *A Polícia da Cidade do Rio de Janeiro: Seus Dilemas e Paradoxos*, Rio de Janeiro, Forense, 1995, pp. 84 e 86.

da classe média, o desrespeito aos direitos civis no Brasil possui como alvos primordiais os grupos marginalizados e os indivíduos que ocupam lugares inferiores na hierarquia social e econômica vigente no país. Como lembra Antônio Paixão:

> Na medida em que a atividade prática da polícia se orienta por ideologias, estereótipos e teorias de senso comum que definem, para o policial competente, a marginalidade urbana como objeto preferencial de vigilância e inspeção, a correlação entre pobreza e criminalidade assume os contornos de uma "profecia autocumprida"[30].

O tratamento diferenciado conferido pela polícia com base em estereótipos parece reproduzir um autoritarismo difuso na ordem social elitista brasileira, que vê as classes inferiores como classes perigosas, prontas a romper as amarras da ordem e rejeitar tanto a harmonia social quanto o papel de atores subalternos que lhes é reservado. A visão maniqueísta da luta contra a criminalidade, encarada como uma luta do bem contra o mal, é uma simplificação grosseira que se assenta em uma visão de sociedade como um conjunto hierarquizado de cidadãos. Ao que tudo indica, a simplificação somente opera porque é eficaz na reprodução das relações hierárquicas. Os criminosos seriam seres diferentes, únicos responsáveis pelo seu renitente descompromisso com a ordem vigente. Conseqüentemente, a criminalidade seria explicada por referência à degeneração moral do próprio indivíduo. A sociedade e a miríade de complexos fatores criminogênicos gerados no contexto social são desconsiderados em favor de uma concepção que assimila o mal e a ameaça à figura do indivíduo criminoso, quando não ao conjunto de indivíduos em situação de risco, ou seja, os que são vistos como sendo mais vulneráveis ou propensos a enveredar pela criminalidade em função do ambiente que os cerca (bairros pobres, favelas, famílias desfeitas etc.).

Apoiado nas análises de Roberto DaMatta, Luiz Eduardo Soares nota a primazia, no Brasil, do relacional sobre o individual e do hierárquico sobre o igualitário:

> Temos, assim, o pior dos mundos: o pior da hierarquia, da qual escapam os valores que envolvem mutualidade e só se conservam as diferenças e suas conseqüências, como o exercício do poder e a afirmação da autoridade; e o pior da formalidade moderna, típica do domínio racional-legal, na ordem liberal-democrática, que é a indiferença, a disposição permanente e irrestrita a maximizar benefícios individuais, e a renúncia legitimada à responsabilidade pelo outro[31].

30. Antônio Luiz Paixão, "Crime, Controle Social e Consolidação da Democracia: As Metáforas da Cidadania", em Fábio Wanderley Reis e Guillermo O'Donnell (orgs.), *A Democracia no Brasil: Dilemas e Perspectivas*, São Paulo, Vértice, 1988, p. 172.

31. Luiz Eduardo Soares, "Uma Interpretação do Brasil para Contextualizar a Violência", em Carlos Alberto Messeder Pereira *et alii* (orgs.), *Linguagens da Violência*, Rio de Janeiro, Rocco, 2000, p. 35.

Alguém poderá sempre lembrar que os estereótipos também existem em outras sociedades, como nos EUA e na Europa, contra negros, imigrantes e outras minorias, sem que os índices de violência cheguem perto aos do Brasil. É verdade, mas não deixa de ser igualmente correto observar que naquelas paragens as vítimas preferenciais possuem uma rede densa de organizações que construíram barreira mais sólida contra as arbitrariedades cometidas em nome da luta contra o crime. No caso dos EUA, porém, os padrões crescentes de encarceramento, a ampla difusão de programas Tolerância Zero, e a reprodução da exclusão de uma parcela importante da população podem significar, com o perdão do neologismo, uma verdadeira "brasilianização" daquele país, como será visto no próximo capítulo.

A luta contra os estereótipos e a estigmatização da população pobre, negra e favelada, no caso brasileiro, passaria, em poucas palavras, pela redistribuição do capital político, econômico e simbólico. Não se trata, portanto, de resignar-se diante da exclusão marcada historicamente pela escravidão, cujo peso sobre os ombros da atual geração determinariam inelutavelmente a permanência e a conservação das estruturas econômicas e sociais. Com base na experiência de outros países, é possível concluir que a ação transformadora da população constitui a chave para a alteração das relações hierárquicas de dominação. Apenas essa ação pode garantir alguma durabilidade às reformas institucionais que visem à democratização do Estado e ao controle das suas forças policiais.

A idéia de que a violência policial é necessária para combater o lado podre da sociedade e o mal que ameaça desagregar a sociedade e generalizar a insegurança tem raízes bem fincadas no desprezo por uma categoria de cidadãos, aqueles que são vistos como se estivessem situados em uma espécie de limbo civilizacional, podendo tanto dar provas de pertencer ao grupo das pessoas de bem quanto enveredar pelo caminho da criminalidade. Encontram-se nesse limbo os pobres, negros, favelados, e não é por outra razão que constituem assim os alvos preferenciais da vigilância. Na versão tida como mais equilibrada, a violência policial deve diferenciar entre os criminosos e os trabalhadores, para evitar injustiças contra pessoas merecedoras de respeito. Na verdade, essa classificação ou separação, na prática, não impede a humilhação de ter de provar por meio de algum documento ou pela carteira de trabalho um status que, numa economia altamente informalizada e onde o desemprego grassa, não é facilmente alcançável.

É curioso que na versão mais extrema do estereótipo do pobre criminoso não se supera a visão do individualismo exacerbado, que centra a atenção apenas na responsabilidade individual pelos crimes. A pobreza, portanto, não seria nunca desculpa para cair na criminalidade, já que, como reza essa velha cantilena, há muitos pobres que são honestos e trabalhadores. Mas há também os que associam pobreza e criminalidade de um modo diferente, com a intenção mais generosa de advogar uma melhora nas condições de vida da população como forma de superar a violência. Também nesse caso os efeitos não-intencionais do discurso podem ser deletérios para o objetivo de superação dos estereótipos que reforçam a exclusão de grande parcela da população.

De acordo com Edmundo Campos Coelho, a associação entre classe social e criminalidade está longe de encontrar suporte empírico nas investigações sociológicas mais rigorosas. Segundo o autor, se em alguma época existiu nos EUA alguma associação entre nível socioeconômico e criminalidade, esta relação tornou-se virtualmente nula nos anos 70:

> Ou as classes sociais naquele país mudaram seu comportamento em relação à lei (mais respeito a ela nas classes desprivilegiadas, mais violações dela nas classes altas, ou ambas), ou a crescente preocupação pública com violações de direitos civis dos cidadãos de classe mais baixa forçou as agências policiais e judiciárias a um tratamento menos discriminatório com relação a eles, com reflexos na composição das estatísticas oficiais[32].

Para romper com o senso comum, portanto, deve-se procurar identificar, no tratamento que diferencia entre categorias hierárquicas de cidadãos, a manifestação de crenças e mitos cujo raio de ação vai muito além da instituição policial e dos aparelhos de Estado. As práticas policiais, na verdade, parecem reproduzir e refletir um conjunto de crenças e percepções correntes na sociedade que diferenciam entre categorias de cidadãos, reservando tratamento privilegiado para os estratos superiores e os rigores da ordem para os inferiores. Essas crenças são produzidas socialmente por meio de mecanismos complexos que foram sedimentados historicamente e que possuem raízes profundas no tecido social brasileiro. O mito do pobre criminoso associa-se à crença no criminoso monstro, animal, figura demoníaca (meio homem, meio besta). É curioso notar, a propósito, o ponto de contato entre essa visão do criminoso e a noção do "monstro humano", identificada por Foucault – no curso de suas investigações sobre a "grande família indefinida e confusa dos 'anormais'" – como cara à Idade Média. De acordo com Foucault, essa noção tem como quadro de referência a lei no sentido amplo, "já que se trata não somente das leis da sociedade, mas também das leis da natureza; o campo de aparecimento do monstro é um domínio jurídico-biológico"[33]. A favela, local de moradia

---

32. Edmundo Campos Coelho, "Sobre Sociólogos, Pobreza e Crime", *Dados*, 23(3): 377-383, 1980, p. 379.
33. Michel Foucault, *Resumo dos Cursos do Collège de France (1970-1982)*, Rio de Janeiro, Jorge Zahar Editor, 1997, p. 61.

dos pobres, seria o espaço por excelência do mal, da marginalidade, da falta de civilização, da brutalidade, enfim, do caldo da violência e do crime. Assim o ciclo se fecha, a polícia continua invadindo barracos na periferia e nos morros, desconsiderando os mais elementares direitos do cidadão, sem que ninguém se espante, pois a violência policial praticada nessas assim denominadas bordas da sociedade não destoa de uma violência que seria vista como inerente a tais espaços encontradiços no limiar entre civilização e natureza.

Com respeito ao eixo 2, o tipo "2a" compreende um conjunto de análises que podem ser resumidas da seguinte maneira: a violência policial é em grande medida produto da falta de controle e fiscalização democráticos da polícia. Muitos dos diagnósticos apontados correspondem a pontos pacíficos entre os estudiosos da matéria. No entanto, seria necessário saber se reformas institucionais, realizadas sem uma articulação mais ampla com esforços de superação das relações sociais hierárquicas, são suficientes para transformar as práticas policiais tradicionais e obter maior eficiência na redução da criminalidade. Não há evidências de que tenha sido possível, até hoje, gerar mudanças duradouras apenas por meio de reformas institucionais. Na verdade, estas podem ser condição necessária para que as políticas de segurança pública adquiram uma face mais humana, mas certamente não são suficientes. É necessário levar em conta o primeiro eixo, relativo aos estereótipos e à justificação da violência policial, que segue operando mesmo quando as condições institucionais não são tão favoráveis.

Angelina Peralva parece atribuir o aumento da violência urbana no Brasil sobretudo à incapacidade de construção de canais institucionais democráticos para resolução de conflitos:

> Sem realmente poder contar com instituições novas em terreno sensível, e já não mais dispondo dos mecanismos de regulação característicos do período autoritário, a democracia terminou abrindo amplas possibilidades para que a violência se desenvolvesse.
> [...] é sobretudo a ausência de mecanismos de regulação apropriados a um novo tipo de sociedade emergente que explica a importância dos fenômenos da violência mais maciços e mais espetaculares[34].

A violência brasileira estaria, segundo a autora, relacionada à mudança social de grandes proporções, caracterizada pela saída do mundo do trabalho, a internacionalização dos mercados, e modos de vida mais liberais (formatados pelo individualismo de massa). Essas mudanças ocasionam manifestações que expressam a ausência de mecanismos de regulação de relações interindividuais eficazes e adaptadas aos novos quadros sócio-culturais nascentes. No Brasil, a forma particularmente sangrenta que assumem os conflitos demonstraria a

---

34. Angelina Peralva, *Violência e Democracia: O Paradoxo Brasileiro*, São Paulo, Paz e Terra, 2000, pp. 20 e 85.

ausência de políticas suscetíveis de garantir a ordem pública preservando-se os direitos da pessoa. Os novos conflitos seriam em parte explicados pelo efeito "dessegregador" e até mesmo "igualitário" provocado pela sociedade de massas, pondo em jogo em termos conflitivos a imagem e o lugar dos pobres na vida moderna. A autora parece acreditar que as reformas da polícia e da justiça poderiam criar os canais para a resolução pacífica dos novos conflitos, mas não indica quem deveria impulsionar essas reformas nem por que razão não foram implementadas até hoje.

Apesar da nítida importância de aspectos institucionais, que podem realmente facilitar ou dificultar a utilização da violência policial ilegal como método privilegiado de combate à criminalidade, deve-se manter distância prudente da visão que apresenta as reformas institucionais como a única solução para o problema da violência policial. Nesse sentido, já foi possível verificar que mudanças introduzidas por governos reformistas não conseguiram alterar de forma duradoura as práticas prevalecentes (foi o caso dos primeiros governos estaduais eleitos no início da década de 80, em particular Franco Montoro em São Paulo e Leonel Brizola no Rio de Janeiro). Aparentemente, geraram refluxo estratégico e momentâneo da violência policial, a qual voltou a explodir assim que governos menos preocupados com os direitos humanos foram eleitos e endureceram o discurso contra o crime.

Não resta dúvida que a orientação dos dirigentes eleitos, a escolha das autoridades de segurança, o compromisso público com determinadas teses e a estrutura institucional escolhida para a área policial são fatores que têm um impacto nos índices de mortos e feridos causados pela polícia. Não obstante, a curva da violência policial ilegal tende a oscilar ao sabor da conjuntura política, uma vez que sua contenção é vista com certa desconfiança pelos próprios policiais e outros setores. Para muitos, uma polícia que não mata tanto dá provas de ineficiência. Essa concepção foi alçada à condição de política oficial de Estado durante o Governo de Marcello Alencar no Rio de Janeiro, quando se instituiu as promoções e gratificações por bravura, também conhecidas como "gratificações faroeste". O discurso populista do "prendo e arrebento" contribuiu decisivamente para o aumento da violência policial. Deve-se perguntar, por exemplo, o que se espera de um policial, que, previamente imbuído dos estereótipos relativos ao eixo 1, ouve a seguinte declaração de seu chefe máximo, o governador do Estado: "Estes violentos bandidos se animalizaram. Eles são animais. Não podem ser compreendidos de outra maneira. Por isso, os confrontos não podem ser civilizados. Essa gente não tem que ser tratada civilizadamente. Têm que ser tratados como animais"[35].

---

35. Esta declaração foi feita por Marcello Alencar, governador do Rio de Janeiro, no dia 11 de maio de 1995, três dias após o assassinato pela polícia de 13 suspeitos de

O General Nilton Cerqueira, Secretário de Segurança Pública do Rio de Janeiro, não perdeu a oportunidade de reforçar essa mesma visão que, na versão popular, se traduz na máxima "bandido bom é bandido morto". Ao responder às críticas de ONGs em função do aumento de mortos pela polícia desde a criação das gratificações faroeste, Cerqueira pontificou que os civis mortos nas ações policiais são bandidos e que "bandido não é cidadão". Como se não bastasse, completou o Secretário de Segurança: "Na polícia, recebe prêmio quem apresenta resultados. Se assim não fosse, nós estaríamos com nossos xadrezes superlotados, batendo recordes"[36].

O distanciamento com relação ao tipo "2a" demanda um esforço de grande envergadura, capaz de conjugar a necessária discussão sobre as mudanças institucionais com a discussão levada a cabo no primeiro eixo deste capítulo. O elo entre esses dois eixos reside na avaliação do lugar ocupado pelas vítimas preferenciais da violência policial. De pouco servem as receitas salvadoras e genéricas dos especialistas em segurança pública e em reforma do aparelho policial sem uma conexão com a problemática do eixo 1. Evoca-se, com freqüência, a necessidade de reformas institucionais democratizadoras. No entanto, até mesmo aqueles que se consideram conscientes da violência real e simbólica presente nos "microcontextos" não hesitam em recorrer a categorias que são operacionais apenas em "macrocontextos". Com certa freqüência, os estudos que privilegiam as reformas institucionais como solução acabam, assim, por aceitar alguma variante do tipo "2b", ou seja, vêem na superação de uma estrutura de dominação tradicional, caracterizada pela exclusão sistemática da classe oprimida, a panacéia que dará eficácia às reformas propostas.

Deve-se enfrentar essa questão, procurando gerar experiências concretas em que o senso comum que legitima a violência seja alterado por força da ação dos que dele são vítima. Será fundamental, nesse esforço, identificar formas de impulsionar reformas institucionais por meio de uma real alteração das relações hierárquicas, o que pressupõe a organização dos setores afetados pela violência ilegal, mas não necessariamente por meio dos mecanismos tradicionais da grande política. Trata-se de procurar esforços de alteração do senso comum por parte de setores específicos em situações concretas, evitando-se o uso de categorias que por quererem explicar tudo acabam sem explicar grande coisa. Em vez de falar em luta da classe oprimida contra a violência do Estado, deve-se identificar práticas de setores discrimi-

---

envolvimento com o tráfico de drogas na favela Nova Brasília. *Apud:* Human Rights Watch, *Brutalidade Policial Urbana no Brasil*, Nova York, Human Rights Watch, 1997, p. 1.

36. Fernanda da Escóssia, "PMs Matam o Triplo do que Ferem", em *Folha de São Paulo*, 03/04/1997, pp. 3-6.

nados adotadas com vistas a mudar as relações de força presentes nos encontros rotineiros e nos discursos que naturalizam hierarquias socialmente construídas. Pode-se pensar, por exemplo, em experiências locais, em que moradores de bairros tidos como perigosos se organizam para reivindicar respeito por parte da polícia e logram alguns avanços no sentido de alterar o senso comum vigente, conferindo um sentido tangível à idéia de igualdade perante a lei.

Infelizmente, esse cenário ainda é raro no Brasil contemporâneo. Algumas iniciativas levadas a cabo sob a liderança de Luiz Eduardo Soares, coordenador de Segurança Pública durante a primeira parte do mandato de Anthony Garotinho como governador do Rio de Janeiro, apontavam nessa nova direção. A idéia era não apenas modernizar a polícia, equipá-la, pagar melhor os policiais, treiná-los, mas também criar uma cultura de respeito ao cidadão. Imbuído da convicção de que eficiência no combate à criminalidade deve ser acompanhada de respeito aos direitos humanos, Soares tentou implementar uma política abrangente. Sem deixar de reforçar o planejamento, o gerenciamento de dados criminais, a polícia técnica, a avaliação do desempenho da polícia, e outros aspectos propriamente institucionais que representariam uma verdadeira revolução na polícia, o plano de Soares incluía também uma participação ativa da comunidade organizada para fiscalizar melhor a prestação de serviços tanto por parte da polícia quanto de outras agências estatais. Dessa forma, concebeu uma ocupação social dos bairros e favelas mais desassistidos, de modo a resgatar da exclusão a população dessas localidades. Conforme o próprio Soares relata, suas iniciativas foram minadas pelas autoridades policiais tradicionais, preocupadas com a perspectiva de perder autonomia e poder, e por diferentes setores do governo, talvez pouco interessados em levar adiante um plano demasiado complexo enquanto o discurso tradicional era certamente mais vendável e implicava em custos políticos menores[37].

O caráter desejável das melhoras técnicas preconizadas pelo discurso de tipo "2c", que visam a tornar a polícia mais eficaz em seu trabalho, quer como polícia judiciária, quer como polícia ostensiva, é irrefutável se se busca lograr uma redução dos índices de criminalidade e de homicídios. No entanto, o senso comum contenta-se com mudanças técnicas, como se elas fossem suficientes para mudar atitudes que estão inscritas em um nível mais profundo, tal como descrito no primeiro eixo. Nesse particular, recai no mesmo erro do tipo "2a", uma vez que se minimiza o poder do senso comum em organizar as relações sociais de modo a reproduzir a violência contra setores previamente identificados como perigosos. Ainda que os meios materiais e

---

37. Luiz Eduardo Soares, *Meu Casaco de General: Quinhentos Dias no Front da Segurança Pública do Rio de Janeiro*, São Paulo, Companhia das Letras, 2000, *passim*.

humanos sejam os ideais, a polícia não estará descolada da sociedade da qual faz parte, continuará partilhando de um mesmo conjunto de representações e visões de mundo que não podem ser alteradas substancialmente por meras melhoras técnicas e administrativas, por mais urgentes e necessárias que essas melhoras sejam.

Até mesmo Luiz Eduardo Soares, acima citado, tende em certos momentos a resvalar para esse tipo de concepção diante do problema concreto de fazer com que a polícia combata o terror do tráfico nas favelas com total respeito à lei. É a idéia de que se não se pode mudar o pensamento e as inclinações, é possível ao menos coibir as ações. E as ações ilegais seriam coibidas com uma reforma institucional profunda da polícia, capaz de dotá-la de métodos mais eficientes, ao lado de uma fiscalização e um controle maiores. Talvez seja realmente possível, com tais reformas, coibir em alguma medida a violência policial ilegal e contribuir para a redução da criminalidade e dos altos índices de homicídio. Na hipótese de que essas reformas pudessem superar as resistências políticas e chegassem a ser implementadas, as representações tradicionais do criminoso, os estereótipos inscritos na estrutura cognitiva dos policiais e da população em geral, e a continuidade das relações sociais autoritárias continuariam fornecendo o impulso para que o padrão de desrespeito aos direitos humanos voltasse a emergir na primeira oportunidade.

Vale aqui uma analogia com o pensamento de Gramsci, que pode ser útil para melhor compreender a dificuldade de se encetar uma mudança duradoura com base exclusivamente em reformas institucionais (mesmo que sejam verdadeiramente revolucionárias para os padrões brasileiros). Contra a idéia da revolução como um simples assalto ao Palácio de Inverno, Gramsci recordava que no Ocidente o poder não estava concentrado em um lugar específico. Isso poderia ser válido para a Rússia de 1917, que tinha uma sociedade civil gelatinosa. Na Itália, assim como em outros países europeus, o poder estava não apenas no Estado, mas perpassava também a sociedade civil, que era vertebrada. Daí a necessidade de disputar a hegemonia por uma estratégia de guerra de posições, em vez da guerra de movimento. No caso das reformas da polícia, tudo indica que sem a articulação das populações que constituem as vítimas preferenciais tanto do terror da polícia quanto do terror do crime organizado, seria difícil manter no longo prazo um padrão de relações de acordo com os cânones dos direitos constitucionais. Ao menor sinal de mudança no nível político, as reformas poderiam ser desfeitas e as novas estruturas cairiam qual um castelo de cartas, por falta de pilares fortes construídos no seio da sociedade.

O tipo "2d", como já foi dito, tem duas faces. A primeira é a da chamada Tolerância Zero em sua versão mais extrema, que se associa muito bem às concepções contidas nos tipos "1a" e "1b". No próximo capítulo, procurar-se-á demonstrar o sentido da força sedutora desse tipo de discurso, tentando ao mesmo tempo desmistificá-lo. Para tanto, a experiência da Tolerância Zero deverá ser examinada em sua verdadeira dimensão, vale dizer, na sua condição de política de segurança pública simplificadora. Ao reduzir boa parte dos problemas da segurança pública a uma questão de déficit de polícia e, por conseqüência, de déficit de punição e de encarceramento, essa perspectiva procura dar uma solução que tende apenas a aumentar o contingente de presos, sem efeitos duradouros sobre o índice de criminalidade. Na verdade, esse tipo de política de segurança parece servir como uma luva ao atual contexto político de desmonte do Estado de bem-estar, de modo a transformá-lo num Estado puramente penal, destinado a "cuidar" da parcela da população considerada desajustada, incapaz de inserir-se na sociedade de consumo.

A questão da impunidade dos violadores dos direitos humanos e dos criminosos em geral, tema do tipo "2d", pode representar uma preocupação legítima. Os que cometem crimes devem ser punidos, do contrário, a ordem se esfacela, a legitimidade das instituições do Estado de Direito é comprometida e a população se sente desamparada. O problema para alguns é que até mesmo a punição está sujeita a regras definidas na legislação, como os princípios da legalidade (não haverá crime nem pena sem prévia cominação legal), da irretroatividade das leis penais e do direito de ampla defesa em tribunais legalmente constituídos. Esses princípios são vistos com certa desconfiança sobretudo porque garantem direitos aos supostos criminosos, ao passo que a função de punição não é levada a bom termo em razão da morosidade e ineficiência do Poder Judiciário. De fato, a sensação de impunidade em relação aos crimes comuns somente rivaliza com a impunidade pelos crimes de direitos humanos, gerando um círculo vicioso de difícil superação.

A preocupação legítima com a punição é distorcida na versão da sanha contra os criminosos a qualquer custo. Há variações nesse tipo de visão da segurança pública, algumas mais radicais e favoráveis à administração arbitrária da justiça, outras que procuram reforçar o lado punitivo da ação policial dentro de determinado marco legal. No Brasil, tem prevalecido historicamente a primeira versão, como demonstram os dados sobre homicídios e violência policial desfilados no primeiro capítulo. É a administração sumária da justiça por meio da tortura e das execuções extrajudiciais. A segunda prevalece nos EUA com a Tolerância Zero, que mantém um compromisso com a legalidade, ainda que com leis mais estritas, aumento da pena e deterioração progressiva das condições de encarceramento. A popularidade no Brasil da Tolerância Zero reside, entre outras razões, como será possível verificar no próximo capítulo, na possibilidade de apropriar-se dessa aparência de modernidade e legalidade sem alterar a essência das práticas tradicionais.

Além da impunidade do criminoso, que tende a fortalecer os discursos que advogam a administração arbitrária da justiça pela polícia, a impunidade dos violadores de direitos humanos constitui preocupação central de ativistas e ONGs. As receitas mais equilibradas tendem a buscar a resposta na reforma da polícia e do poder judiciário, para que a impunidade deixe de ser a regra, independentemente de quem seja o criminoso (policial ou civil). O tipo "2d", portanto, seria fruto da constatação da fissura no monopólio da violência física legítima por parte do Estado. Ao explorar o pensamento de Weber para a análise do caso brasileiro no capítulo 4, essa questão será tratada com mais vagar. O que importa ressaltar, nesse particular, é a eficácia duvidosa de soluções que se baseiam somente na certeza de uma punição rigorosa, seja por meio dos canais legais, seja a que é dispensada de forma ilegal e arbitrária pela polícia com preocupante freqüência.

Seria desejável tomar o cuidado de não achar que o fim da impunidade constitui um objetivo único ou mesmo o mais importante inibidor da violência. Como bem nota Maria Lúcia Karam, referindo-se especificamente à violência ilegal praticada pela polícia:

não serão eventuais punições rigorosas, selecionadamente impostas (como é da regra da imposição de penas), que irão reduzir o elevado número de homicídios praticados por policiais contra supostos criminosos ou suspeitos, ou romper com a rotineira permanência da tortura como método de investigação[38].

A autora lembra, com razão, que a sólida resistência de tais práticas a mudanças políticas gerais e a trocas de comandos das instituições policiais demonstrariam a inutilidade de medidas que deixam intacto o desejo de repressão e castigo. Poder-se-ia agregar que a obsessão pelo castigo encobre o verdadeiro problema, uma vez que a catarse coletiva gerada pela punição dos que violam as leis do Estado pode sugerir que, com a "expiação do pecado", a ordem natural se restabelece e o conflito queda resolvido. Na verdade, como foi visto em relação ao primeiro eixo deste capítulo, a resolução violenta de conflitos e as atitudes cristalizadas da polícia ao lidar com suspeitos e criminosos obedecem a uma lógica implantada nas relações sociais. Parece pouco provável que a diminuição da impunidade sozinha seja capaz de alterar esse cenário.

Em síntese, as observações relativas aos dois eixos deste capítulo e a tipologia de discursos sobre a violência construídos põem em relevo as conseqüências das formas concretas assumidas pela violência policial no Brasil sobre o ideal da democracia liberal. Se a noção de cidadania, tal como se afirmou na tradição do ocidente democrático, pressupõe uma comunidade de direitos e um espaço público onde in-

---

38. Maria Lúcia Karam, "A Esquerda Punitiva", em *Revista Discursos Sediciosos*, *1* (1): 79-92, 1996, p. 90.

divíduos interagem para a tomada de decisões que afetam o conjunto da sociedade, o que acontece quando uma parcela significativa da população vê seus direitos mais elementares caírem por terra? Como recorda Gilberto Velho, em qualquer cultura ou sistema social é necessário que exista uma noção minimamente compartilhada de justiça, definida como um conjunto de crenças e valores que dizem respeito ao bem-estar individual e social. O problema que enfrentamos, no entanto, é que precisamente, no Brasil:

não se identifica um sistema de trocas entre as categorias sociais que sustente, minimamente, as noções de eqüidade e justiça. Assim, sem os benefícios, mesmo que limitados da sociedade tradicional hierarquizada e sem os direitos de cidadania de uma sociedade democrática e moderna, fica-se no pior dos mundos[39].

A mesma preocupação demonstra Carlos Vilas:

a *polis* dificilmente pode ser considerada como pertencendo a todos quando o princípio da cidadania (como a síntese dos direitos de participação e as obrigações de contribuir) e a idéia subjacente de igualdade precisam co-existir com desigualdades profundas e aparentemente crescentes[40].

Vilas refere-se nesta passagem sobretudo às desigualdades econômicas e à polarização social, que militariam contra a idéia ou o sentimento de pertencimento à comunidade. Não seria descabido apontar que o mesmo efeito pode ser reforçado pelo tratamento diferenciado conferido pela polícia, pela impunidade de violadores de direitos humanos e de criminosos, e pela negação prática de muitas garantias individuais e direitos civis. Nega-se, portanto, um dos fundamentos da manutenção da comunidade política: a idéia de que o Estado existe para realizar o bem comum.

Independentemente da crítica à idéia da defesa do bem comum, que para muitos não passaria de ideologia – no sentido de falsa consciência – ou de uma "ilusão necessária", é a crença na possibilidade de gozar os benefícios gerados pela *polis* que impede que a ordem social seja mantida pela coerção pura e simples. Na concepção liberal clássica, inspirada em John Locke, o Estado existe para servir de árbitro das disputas individuais, ou seja, distribuir a justiça que no estado de natureza só podia ser administrada pelas próprias mãos do ofendido. O Estado, estando acima dos interesses individuais, resolveria os confli-

---

39. Gilberto Velho, "Violência, Reciprocidade e Desigualdade: Uma Perspectiva Antropológica", em Gilberto Velho e Marcos Alvito (orgs.), *Cidadania e Violência*, Rio de Janeiro, Editora UFRJ/Editora FGV, 1996, p. 22.

40. Carlos Vilas, "Participation, Inequality and the Whereabouts of Democracy", em Douglas Chalmers *et alii* (eds.), *The New Politics of Inequality in Latin America*, Oxford, Oxford University Press, 1997, p. 21.

tos com neutralidade e impediria a generalização da insegurança e os episódios de vingança privada.

As conseqüências da violência policial ilegal para uma concepção comunicativa de poder e para a manutenção do espaço público ocuparão lugar central no capítulo 4, mas perpassam todo o livro. Se é possível retirar uma conclusão que sintetize os dois eixos construídos neste capítulo, sem prejuízo da complementação da análise empreendida nos próximos capítulos, poder-se-ia afirmar que as ações policiais de execução sumária e torturas, cujos exemplos se tornaram cada vez mais freqüentes ao longo da década de 90, traduzem uma concepção de poder que se fundamenta no exercício da violência. Com efeito, é tentador ver no exercício da violência policial uma forma de manifestação de poder, mesmo quando essa violência é aquela praticada ao arrepio da lei e dos princípios de direitos humanos. Independentemente da posição adotada, a favor ou contra o uso da violência e as atrocidades cometidas em nome da purificação da sociedade, o fato é que a violência e a força são sempre vistas como meios de assegurar o poder, seja o poder que emerge de uma suposta comunidade homogênea e ordeira – numa concepção autoritária de sociedade, seja o poder de uns poucos sobre a grande maioria.

Conforme notaram James Holston e Teresa Caldeira:

o apoio popular à violência policial indica a existência não apenas de uma disfunção institucional, mas também um padrão cultural amplamente disseminado que associa a ordem e a autoridade ao uso da violência e que, dessa forma, contribui para a deslegitimação do sistema de justiça e do Estado de Direito[41].

Essa questão voltará a ser analisada no capítulo 4, quando se tratar da discussão sobre o efeito da violência brasileira sobre a democracia. Por enquanto, basta ter presente que os tipos construídos neste capítulo, apesar de não aparecerem nunca em uma forma pura na realidade, conformam, combinados ou não entre si, os discursos mais representativos sobre a violência e as questões relacionadas às políticas de segurança pública. Na parte final do próximo capítulo, esses tipos serão retomados para confrontá-los com as propostas do programa Tolerância Zero. Será possível então constatar que, apesar do tipo "2d" associado aos tipos "1a" e "1b" serem os que mais afinidades aparentes possuem com o programa Tolerância Zero, na verdade, todos os tipos têm pontos de contato surpreendentes com esse programa. A popularidade do programa Tolerância Zero entre nós ficará mais fácil de explicar a partir da explicitação dessas afinidades. Além disso, ao

---

41. James Holston e Teresa Caldeira, "Democracy, Law and Violence: Disjunctions of Brazilian Citizenship", em Felipe Agüero e Jeffrey Stark (eds.), *Fault Lines of Democracy in Post-Transition Latin America*, Miami, North-South Center Press, 1998, p. 273.

revelá-las, estar-se-á dando um passo importante na compreensão de traços essenciais de nossa sociedade hierárquica em um momento, os anos 90, em que tais traços parecem se acentuar e adquirir novas formas, sutis ou não, de manifestar-se.

Antes de passar ao próximo capítulo, contudo, talvez seja útil ter presente a avaliação de Elizabeth Rondelli a respeito das práticas discursivas em torno da questão da violência:

> No plano das representações, a produção discursiva sobre a violência ocorre num terreno de embates, de relações de poder, onde se luta também por uma hegemonia discursiva. Tais ordens discursivas são relacionais e/ ou reativas. Por isso, a importância de cada uma delas oscila, e a predominância de uma ou outra acontece no plano das orientações e das disputas políticas[42].

Os discursos em torno da violência policial e dos temas de segurança pública, dos mais simples aos mais sofisticados e complexos, não podem ser isolados do campo das relações de poder que estruturam a comunidade política. Esses discursos ajudam a vertebrar a comunidade política, dão sentido e direção aos esforços de reprodução ou de transformação da ordem social e de suas instituições. A questão da ordem sempre esteve no âmago dos debates sobre o Estado e suas relações com os cidadãos/súditos, uma vez que de sua manutenção depende a própria continuidade das estruturas de poder e de sua capacidade de organizar a vida política e econômica da sociedade. Nesse sentido, não surpreende que a questão da ordem – seja no que diz respeito ao controle da oposição política, seja no tocante à repressão aos crimes comuns – ocupe lugar central nos estudos sociológicos, nas pesquisas da ciência política e nos debates diários em qualquer sociedade.

O interesse pelos discursos sobre a violência se justifica, portanto, porque estes tocam em um dos pontos nevrálgicos para a análise de qualquer sociedade. Os discursos sobre a violência, que se expressam em um campo de embates, revelam mais do que a preocupação em controlar a criminalidade para evitar o caos e a desordem. Deixam entrever também, de forma implícita ou explícita, o processo complexo e dinâmico de reprodução e de mutação da sociedade em questão, desvelando a rede intricada de pequenas e grandes disputas, de valores e interesses que se entrecruzam, de relações de força e dominação que são reafirmadas ou negadas. Os discursos sobre a violência e a segurança pública procuram, em geral, dar sentido a essa rede complexa de relações, de modo a afirmar uma visão sobre a melhor ou a mais natural forma de organizar a sociedade e determinar os papéis dos indivíduos e grupos no seio da sociedade.

---

42. Elizabeth Rondelli, "Imagens da Violência: Práticas Discursivas", em *Tempo Social*, 10 (2): 145-157, outubro, 1998, p. 156.

A análise desses discursos e de seu impacto no dia-a-dia da vida em sociedade é fundamental para compreender por que as mudanças institucionais democratizadoras podem facilmente retroceder e dar lugar às práticas tradicionais. Os objetivos de respeito aos direitos humanos e de combate aos crimes com eficiência são tidos como incompatíveis não apenas pela falta de instituições adequadas, mas também pela força das visões que concebem esses dois objetivos em tais termos. Por trás desses discursos, e das visões opostas sobre a sociedade que eles revelam, reside a questão nada desprezível das relações de dominação e de poder que são reafirmadas ou negadas diariamente na família, nos locais de moradia, nos jornais, nas campanhas eleitorais, e nos encontros rotineiros entre a polícia e a população.

É possível fazer uma analogia com o trabalho de Pierre Bourdieu para afirmar que os discursos sobre a violência integram uma luta simbólica pelo poder de produzir e impor a visão de mundo legítima[43]. Esses discursos revelam em muitos casos uma luta pelo poder simbólico, pelo poder de consagrar, de revelar e de classificar elementos da ordem social, de modo a contribuir para a produção e reprodução dessa ordem. No próximo capítulo, ao tratar da popularidade do programa Tolerância Zero no Brasil, procurar-se-á ressaltar a eficácia dos discursos sobre a violência na consagração da sociedade hierárquica que predomina no país. A síntese empreendida no capítulo 4 utilizará essa constatação para levantar questões sobre os dilemas da democracia no Brasil, inclusive no que tange às dificuldades para a implantação de uma concepção comunicativa de poder.

---

43. Pierre Bourdieu, "Espace Social et Pouvoir Symbolique", em *Choses dites*, Paris, Les Editions de Minuit, 1987, p. 164.

3. Polícia, Tolerância Zero e Exclusão

O programa Tolerância Zero da polícia de Nova York se tornou uma espécie de referência mundial na luta contra o crime. Políticos e chefes de polícia, preocupados com o aumento desmesurado dos índices de criminalidade, tendem a invocar o exemplo da cidade de Nova York e seus métodos supostamente eficientes de combate à delinqüência. A peregrinação para conhecer de perto tais métodos tem sido constante desde meados da década de 90, quando a queda nos índices de criminalidade daquela cidade norte-americana passou a ser amplamente divulgada. Políticos brasileiros – especialmente governadores, mas também parlamentares, secretários de Estado e prefeitos – estão entre os mais assíduos visitantes.

Brasileiros e outros estrangeiros vão à Nova York em busca de soluções, partindo do pressuposto de que a Tolerância Zero (ou programa "qualidade de vida", como preferem seus formuladores) já provou sua eficiência. Afinal, Nova York era conhecida como a "capital do crime" e, depois da aplicação do programa, teria adquirido o status de uma das cidades mais seguras dos Estados Unidos. O conjunto de reformas e estratégias do Departamento de Polícia de Nova York representaria, assim, a prova de que uma polícia bem equipada e adequadamente gerida é capaz de reduzir a criminalidade violenta. A esperança de que a experiência nova-yorkina possa ser reproduzida em outros lugares anima os formuladores da política de segurança pública em todo o mundo.

A popularidade da Tolerância Zero no Brasil tem-se refletido no discurso de campanha de políticos e começa a fazer escola entre estudiosos da segurança pública. Não raro se utiliza o epíteto Tolerância Zero – ou *slogans* semelhantes – para demonstrar determinação no combate ao crime. Para alguns, trata-se tão-somente de mostrar que o Estado pode impor a lei e a ordem, desde que haja vontade política de não condescender, de mostrar pulso firme diante dos criminosos. Para outros, numa recepção mais elaborada da Tolerância Zero, o discurso político em prol da lei e da ordem deve ser sustentado por um substrato institucional, em termos de equipamentos, recursos humanos e planejamento estratégico.

As duas versões da recepção da Tolerância Zero no Brasil são, na verdade, complementares. Os políticos falam para as massas, exploram o medo crescente e o sentimento de terror causados pelos crimes violentos e por sua divulgação *ad nauseam* pelos meios de comunicação. Os técnicos da segurança pública, entusiasmados pela experiência de Nova York, tendem a falar para um público mais restrito. Procuram alcançar os operadores jurídicos, as elites governantes, os empresários e as classes médias, os quais, apesar de serem menos vitimados pelos crimes do que as classes desprivilegiadas que habitam as periferias e as favelas, se encontram igualmente aterrorizados e aparentemente dispostos a apoiar políticas mais assertivas.

Com efeito, a Tolerância Zero parece oferecer um cardápio de soluções que vem a calhar para os problemas brasileiros. O problema da violência urbana é reduzido a uma questão de polícia, não no sentido tradicional da repressão *ex post facto*, mas repressão aliada às novas estratégias de organização policial inspiradas em técnicas de gestão empresarial pós-fordistas. Baseada em uma criminologia conservadora como ponto de partida, a Tolerância Zero se afigura como uma nova forma de gerir o espaço urbano e as relações entre polícia e comunidade. Em vez da repressão pura e simples, a vigilância constante e a escolha de alvos preferenciais. No lugar de burocracias centralizadas, atribuição de responsabilidade aos distritos e aos policiais.

É necessário ter presente que, não obstante a propaganda em torno das políticas do Prefeito de Nova York, a Tolerância Zero tem sido contestada de diversas formas e por diferentes atores. Desde 1998, o programa Tolerância Zero tem sido crescentemente colocado em questão, a ponto de se falar em uma verdadeira crise de confiança no Departamento de Polícia de Nova York. No mundo acadêmico, há quem insista que outros fatores, independentes do programa de Tolerância Zero, seriam os verdadeiros responsáveis pela baixa nos índices de criminalidade. Organizações da sociedade civil, por sua vez, vêem em tal programa a causa principal do aumento da brutalidade policial, especialmente contra jovens negros e outras minorias.

Se nem tudo foram rosas na política de segurança pública implementada pelo prefeito Rudolph Giuliani, pode ser útil perguntar as razões do sucesso e da popularidade da Tolerância Zero entre os brasileiros. A razão mais evidente pode ser o desconhecimento das falhas e dos "efeitos colaterais" da suposta panacéia da Tolerância Zero. Em meio ao clima de quase desespero, buscam-se soluções rápidas e remédios drásticos para os males que afligem a sociedade brasileira. A aparência de eficiência da Tolerância Zero nutre a esperança de que a tábua de salvação se encontra ao alcance da mão. A reprodução apressada do modelo do prefeito "durão" de Nova York encontra, assim, ambiente propício.

A falta de conhecimento, portanto, pode derivar da busca de respostas imediatas ao clamor popular ou de uma vontade deliberada de utilizar politicamente, como arma eleitoral e populista, o discurso da cruzada sem piedade contra o crime. Com vistas a desmistificar a aura de eficiência da Tolerância Zero, é preciso começar pela descrição de seus elementos constitutivos e, em um segundo momento, apresentar a crítica aos seus pressupostos e resultados. Esses dois passos serão fundamentais para explorar a hipótese central deste capítulo: a recepção favorável da Tolerância Zero no Brasil tem menos a ver com sua suposta eficiência na redução dos crimes do que com sua eficácia simbólica no reforço de estereótipos correntes na sociedade brasileira.

A apropriação da Tolerância Zero no Brasil reforçaria a crença em uma determinada representação social do crime e do criminoso. O discurso pretensamente científico dos defensores da Tolerância Zero nomeia e classifica a realidade, contribuindo para a reprodução da configuração de relações sociais excludentes que prevalecem no Brasil contemporâneo. Haveria uma correspondência entre o discurso da Tolerância Zero e a ordem social brasileira, entre os enunciados daquele programa e o senso comum a respeito das formas de lidar com os problemas relacionados à criminalidade. Como diz Bourdieu, as representações que os agentes sociais fazem das divisões da realidade contribuem à realidade das divisões e das classificações[1].

A descrição dos elementos constitutivos da Tolerância Zero procurará realçar o papel de uma perspectiva criminológica que fornece o suporte teórico às políticas colocadas em prática em Nova York. Em segundo lugar, buscar-se-á apontar as principais estratégias e reformas implementadas no Departamento de Polícia de Nova York com base sobretudo no testemunho de William Bratton, então todo-poderoso Comissário de Polícia da cidade. Em seguida, o capítulo apontará os principais traços da crise na Tolerância Zero, com ênfase na contestação social de seus efeitos excludentes. A descrição da Tolerância Zero nos EUA e de suas críticas servirá para revelar aspectos que têm sido negligenciados no Brasil e, desse modo, ajudar a desvendar as razões de seu sucesso no contexto brasileiro. Servirá também para sugerir a consolidação de uma certa visão de sociedade e de Esta-

---

1. Ver Pierre Bourdieu, *Ce que parler veut dire*, Paris, Fayard, 1982, p. 140.

do em que a idéia de responsabilidade coletiva pela exclusão dá lugar à concepção de responsabilidade individual levada a seu paroxismo.

TEORIA DAS JANELAS QUEBRADAS

O programa Tolerância Zero se baseia, em grande medida, na chamada teoria das janelas quebradas (*broken windows*). Essa teoria foi divulgada pelo famoso artigo de mesmo nome de autoria de James Q. Wilson em parceria com George Kelling e publicado em 1982, na revista norte-americana *Atlantic Montly*. O argumento principal da teoria é o de que uma pequena infração, quando tolerada, pode levar a um clima de anomia que gerará as condições propícias para que crimes mais graves vicejem. A metáfora das janelas quebradas funcionaria assim: se as janelas quebradas em um edifício não são consertadas, as pessoas que gostam de quebrar janelas admitirão que ninguém se importa com seus atos de incivilidade e continuarão a quebrar mais janelas.

O resultado seria um sentimento geral de decadência e desamparo em que a desordem social encontraria o terreno fértil para enraizar-se e gerar seus frutos maléficos. Ou seja, a violência urbana e os crimes graves seriam o último elo de uma cadeia causal em que pequenas infrações levam às formas mais graves de delinqüência. As pequenas desordens do cotidiano das grandes cidades seriam o embrião de patologias mais graves, as quais resultariam da leniência ou condescendência dos órgãos de segurança do Estado. Esses últimos, preocupados em resolver os crimes violentos, sobretudo homicídios, roubos e estupros, perderiam de vista a dimensão preventiva da luta contra as ofensas que afetam a chamada qualidade de vida. As pequenas desordens e incivilidades do cotidiano, portanto, não devem ter sua importância minimizada, sob pena de se negligenciar uma das fontes de irradiação da criminalidade violenta. Desta perspectiva, seria fundamental agir com rigor para evitar que a sensação de impunidade em relação às infrações menos graves crie um ambiente de desamparo, ideal para a que os criminosos tomem conta do espaço urbano.

De acordo com Kelling e Wilson, o processo de decadência de bairros pode ocorrer com relativa facilidade:

> Uma vizinhança estável, composta de famílias que se preocupam com seus lares, cuidam mutuamente de suas crianças e não hesitam em rejeitar os intrusos, pode se transformar, em poucos anos ou até mesmo em poucos meses, em uma selva inóspita e apavorante. Uma propriedade é abandonada, o mato cresce, uma janela é quebrada. Adultos deixam de disciplinar crianças desordeiras; as crianças, encorajadas, se tornam mais arruaceiras. Famílias se mudam para fora do bairro, adultos sem vínculos familiares se instalam no local. Adolescentes se reúnem em frente à loja da esquina. Os comerciantes pedem para que saiam dali, mas os adolescentes se recusam a obedecer. Brigas ocorrem. O lixo se acumula. As pessoas começam a beber em frente aos mini-mercados;

com o tempo, um bêbado cai na calçada e ali dorme sem ser importunado. Os pedestres são abordados por pedintes[2].

De acordo com a teoria, a desordem vai tomando conta e dá um claro sinal para os cidadãos de que aquela é uma zona insegura, em franca decadência, pronta a converter-se em território do crime. Ainda segundo os autores, o cidadão de bem, que se vê confrontado com uma situação desse tipo, responde racionalmente, ou seja, retira-se da rua e passa a evitar certas áreas. Além de retirar-se fisicamente, os cidadãos abandonam também seus esforços de apoio mútuo e os laços de solidariedade, abrindo espaço para a deterioração do tecido social e para que a ausência de controles sociais comunitários seja um convite permanente à ocorrência de crimes mais graves. Nas palavras de Wilson e Kelling:

> Os crimes graves florescem em áreas em que os comportamentos desordeiros permanecem sem resposta. O pedinte que age livremente é, com efeito, a primeira janela quebrada. Assaltantes e ladrões, sejam os oportunistas ou os profissionais, acreditam que conseguem reduzir a chance de serem pegos ou mesmo identificados se operarem nas ruas em que as vítimas potenciais já estão intimidadas pelas condições prevalecentes. Se o bairro não consegue impedir um pedinte desagradável de importunar os transeuntes, o ladrão pode raciocinar, será ainda menos provável que alguém chame a polícia para identificar um potencial assaltante ou que interfira em um assalto em andamento[3].

Em um outro texto sobre o assunto, George Kelling e Catherine Coles resumem o que consideram ser os quatro principais elementos que explicariam o impacto de estratégias baseadas na teoria das janelas quebradas sobre a redução do número de crimes. Em primeiro lugar, ao lidar com a desordem e com pequenos criminosos ou contraventores, a polícia fica melhor informada e se põe em contato com a minoria que comete crimes mais graves, prendendo também os mais perigosos. Em segundo lugar, a alta visibilidade das ações da polícia e de sua concentração em áreas caracterizadas pelo alto grau de desordem protege os "bons meninos" (*good kids*) e, ao mesmo tempo, emite mensagem para os maus e aqueles culpados de crimes menores no sentido de que suas ações não serão mais toleradas. Em terceiro lugar, os cidadãos começam a retomar o controle sobre os espaços públicos, movendo-se para o centro dos esforços de manutenção da ordem e prevenção do crime. Finalmente, na medida em que os problemas relacionados à desordem e ao crime deixam de ser responsabilidade exclusiva da polícia e passam a envolver toda a comunidade, todos se mobilizam para atacar tais questões de uma forma mais integrada[4].

---

2. James Q. Wilson e George L. Kelling, "Broken Windows", em *Atlantic Monthly*. 29-38, March, 1982, p. 32.
3. *Idem*, p. 34.
4. George L. Kelling e Catherine M. Coles, *Fixing Broken Windows: Restoring Order and Reducing Crime in our Communities*, New York, Touchstone, 1997, p. 243.

A teoria das janelas quebradas passou a ser objeto de discussões em vários institutos de pesquisa e centros voltados para reflexão sobre políticas públicas nos Estados Unidos. Um dos institutos que popularizaram as idéias de Wilson e Kelling foi o Manhattan Institute, cujos seminários contavam com a freqüente presença de Rudolph Giuliani, antes de ser eleito Prefeito de Nova York. As palestras e seminários tinham por objetivo buscar alternativas de políticas de segurança pública que levassem em conta as preocupações da teoria das janelas quebradas. Não foi difícil imaginar um trabalho policial que procurasse reprimir as pequenas infrações do cotidiano, tais como as praticadas por pichadores (*grafitti*), lavadores de pára-brisas, ou mendigos do metrô.

Embora jamais tenha sido validada empiricamente, a teoria das janelas quebradas alcançou status de verdadeira varinha de condão. Sua aplicação passou a ser considerada, em muitos círculos, a resposta para os males da violência e da criminalidade nas grandes cidades. Tratava-se de recuperar a auto-estima dos moradores, erradicar as pequenas ofensas que contribuem para a decadência da ordem. Em outras palavras, seria necessário retomar o espaço público, que havia sido degradado pela presença de uma escória de pequenos infratores prontos a assumir características mais violentas ou desbravar o terreno para que os mais violentos e perigosos passassem a agir de forma solta e desimpedida. O Estado deveria, portanto, aparelhar-se para cumprir sua função central da manutenção da lei e da ordem.

Além do programa Tolerância Zero de Nova York, muitas outras cidades nos EUA adotaram a teoria das janelas quebradas como pressuposto de seus programas ditos de policiamento comunitário. Criou-se, portanto, um consenso inédito entre os principais profissionais encarregados de pensar estrategicamente as ações policiais, sem que evidências claras sobre a eficácia e a validade da teoria das janelas quebradas tenham jamais sido apresentadas. Ao contrário, autores críticos da teoria passaram a desmenti-la tanto no plano teórico quanto no empírico. Apesar da falta de uma base científica clara, a teoria das janelas quebradas teve uma história de sucesso, que se explica mais por seus elementos simplórios facilmente traduzíveis na linguagem dos defensores tradicionais de estratégias policiais mais agressivas do que por sua suposta comprovação empírica na prevenção de crimes.

Em uma análise minuciosa da teoria das janelas quebradas, Bernard Harcourt fez um balanço de pesquisas e levantamentos de dados e estatísticas, não encontrando correlação automática e evidente entre situações que seriam caracterizadas como desordem por Wilson e Kelling e a prática de crimes. Além disso, o conceito de desordem utilizado pela teoria das janelas quebradas seria problemático, uma vez que pode ter distintos significados dependendo do contexto e das comunidades onde os chamados atos de incivilidade ocorram. Conforme nota o autor, passou-se a identificar certas atitudes (*graffiti*, jogar papel nas ruas, mendicância, pular roletas do metrô ou de ônibus, urinar em público) e não outras (evasão fiscal, corrupção, fraude, brutalidade policial) como condutas desordeiras e de algum modo vinculadas ao crime em larga medida por causa das práticas sociais que nos rodeiam.

O conceito de "desordem" não é natural. Nem os vários ingredientes da "desordem" possuem um significado fixo. Eles não indicam necessariamente, por si sós, que um bairro tenha perdido controle sobre o crime, ou que não se importe com a violação de regras. O significado desses vários atos depende do contexto e é construído. Jogar papel na rua apenas dá um sinal – como um significado possível entre outros – de que a comunidade não está no controle da situação *se* esse ato for percebido pelos membros da comunidade como violação a determinadas regras de conduta. Mas é claro que jogar papel na rua não é percebido dessa forma em todas as comunidades[5].

A simplificação produzida pela teoria das janelas quebradas talvez tenha facilitado sua incorporação em discursos eleitorais, mas certamente representou um desserviço a uma análise isenta dos fenômenos criminogênicos. A teoria de Wilson e Kelling, empregada com entusiasmo pelos advogados de programas como o Tolerância Zero, tende a assimilar a decadência de bairros e vizinhanças não à ausência do Estado no campo da escola, do lazer, do emprego e da saúde, mas de uma falta de Estado em sua versão policial, única capaz de auxiliar a comunidade a retomar o espaço público. Sob esse prisma, as incivilidades e os atos que conformam a desordem e prenunciam crimes mais graves constituem expressão da falta de "pulso", da inexistência de mecanismos eficazes de controle social e de imposição da ordem. Uma das características da teoria das janelas quebradas é dar uma receita geral que promete evitar a decadência de bairros e cidades inteiras que de outro modo sucumbiriam às incivilidades e aos crimes mais graves. Até mesmo autores que não descartam totalmente a importância do combate às pequenas infrações desconfiam da promessa da teoria das janelas quebradas:

> Os teóricos das incivilidades tendem a subestimar ou ignorar as causas estruturais do declínio dos bairros, causas essas que residem não apenas no bairro, mas também na cidade e, mais importante, na área metropolitana e em mudanças regionais, nacionais e internacionais na economia política e na população. Tal isolamento teórico em relação à sociologia urbana e à economia política é confortante porque nos protege do sentimento de impotência em face de desafios realmente formidáveis. Mas fornece somente uma visão limitada da dinâmica que molda a vida de um bairro. Uma perspectiva estreita pode levar a que se exagere nas promessas das iniciativas policiais, como Bill Bratton fez quando modestamente declarou que poderia transformar inteiramente a cidade de Nova York, e "quem sabe, talvez até mesmo o país"[6].

5. Bernard E. Harcourt, *Illusion of Order: The False Promise of Broken Windows Policing*, Cambridge, Harvard University Press, 2001, p. 243.
6. Ralph B. Taylor, *Breaking Away from Broken Windows*, Boulder, Westview Press, 2001, p. 377.

Por paradoxal que possa parecer, os mesmos advogados do Estado mínimo na área social defendem um Estado hipertrofiado em sua dimensão penal e repressiva. Para Loïc Wacquant, essas duas tendências concomitantes correspondem a um processo único: a destruição do Estado social e o fortalecimento do Estado penal refletiria um novo senso comum penal que visa à criminalização da miséria[7]. Não é à toa que os principais alvos da teoria das janelas quebradas são os excluídos da economia capitalista, os não-consumidores, os remediados, enfim, aqueles que antes eram objeto do assistencialismo ou de políticas reabilitadoras e que hoje são considerados irrecuperáveis e, desse modo, devem ser de alguma forma neutralizados.

Típico dos defensores da teoria das janelas quebradas é a crença de que a repressão, se não resolve tudo, é a arma principal na luta contra a criminalidade. O aumento dos índices de criminalidade nas grandes cidades seria culpa, assim, de uma atitude condescendente por parte do Estado, sobretudo aquela derivada da "ilusão" de que programas sociais poderiam prevenir o crime. O Estado de bem-estar da década de 60 e 70, longe de contribuir para a criação de uma sociedade ordeira, teria estimulado a passividade das classes mais baixas. O desmonte do Estado de bem-estar seria a via para recuperação da capacidade de iniciativa dos que se encontram na base da pirâmide social.

Assim como a responsabilidade pela situação de exclusão a que estaria submetida a parcela mais pobre da população deveria ser creditada às políticas que estimulam a passividade, não haveria outra desculpa para a criminalidade senão uma espécie de degenerescência moral do indivíduo. Nesse diapasão, as raízes ou causas sociais do crime passam a ter peso secundário, posto que o real culpado é o indivíduo que não foi capaz de se adaptar às regras sociais vigentes. Um dos defensores da teoria das janelas quebradas na Inglaterra, Norman Dennis, ressalta que a miséria e o desemprego nos anos 30 era muito mais grave do que hoje e, no entanto, os índices de criminalidade eram muito mais baixos[8].

Pressuposto central da teoria das janelas quebradas é a crença nas causas individuais da criminalidade e a rejeição das chamadas causas sociais. O tipo de comparação feita por Dennis é sintomática dessa tendência. O argumento é simplificador, mas altamente eficaz: se hoje a situação é menos desesperadora do que durante a crise dos anos 30, por que razão os índices de criminalidade atuais são mais altos? E a

---

7. Loïc Wacquant, *As Prisões da Miséria*, Rio de Janeiro, Jorge Zahar, 2001, *passim*.

8. Norman Dennis, "Editor's Introduction", em Norman Dennis (ed.), *Zero Tolerance: Policing a Free Society*, London, Institute of Economic Affairs, 1998, pp. 1-28.

resposta não menos simples: não é o desemprego ou a crise econômica ou quaisquer outras razões sociais ou coletivas que explicariam a propensão ao crime, mas a degeneração moral dos indivíduos, a decadência dos valores tradicionais da família, e, numa versão mais popular, "a falta de vergonha na cara" e a "vagabundagem".

A teoria das janelas quebradas reflete uma criminologia que deixa de investigar as causas sociais dos crimes para ressaltar o produto final, ou seja, o criminoso e o crime. De acordo com Dario Melossi, o criminoso e o crime são naturalizados, sem que se contribua para descobrir os modos pelos quais esses produtos finais são socialmente produzidos. Nos anos 90, esse tipo de criminologia teria retirado o crime do contexto complexo das relações sociais para interpretá-lo como uma questão de edificação moral da sociedade. O criminoso, portanto, seria, desta perspectiva, a encarnação máxima do pecado, ameaça à continuidade do tecido social. Nas palavras do autor: "A desvalorização do criminoso foi acompanhada pela desvalorização coletiva do grupo social ao qual os criminosos são normalmente associados, ou seja, uma subclasse racialmente definida e demonizada."[9]

Mais adiante, ao tratar da crise do programa Tolerância Zero, esse ponto voltará a ser tratado. Por enquanto, basta assinalar que a teoria das janelas quebradas se insere em um movimento mais geral de responsabilização dos indivíduos e de valorização da irredutibilidade das diferenças[10]. É como se os criminosos fossem indivíduos que "optaram" pelo caminho do desvio, tornando-se diferentes, possuídos que estariam por uma malignidade intrínseca e imutável. A única forma de evitar que o câncer se espraie por todo o tecido social seria erradicá-lo em sua fase inicial, no nascedouro, por meio da imposição da lei e da ordem, ou seja, pela linguagem da força. Do contrário, o pequeno tumor certamente passará por um processo de metástase, amcaçando a própria continuidade do corpo social.

TOLERÂNCIA ZERO

A teoria das janelas quebradas forneceu um verniz de respeitabilidade pretensamente científica às políticas que foram colocadas em prática pelo então Prefeito de Nova York. Em 1994, o Prefeito Giuliani alçou o chefe da polícia de trânsito, William Bratton, ao posto de Co-

---

9. Dario Melossi, "Changing Representations of the Criminal", em David Garland e Richard Sparks, *Criminology and Social Theory*, New York, Oxford University Press, 2000, p. 169.
10. Antônio Flávio Pierucci identificou esse tipo de discurso em seus estudos sobre o pensamento e a militância de direita em São Paulo. Ver: Antônio Flávio Pierucci, *Ciladas da Diferença*, São Paulo, Editora 34, 1999. Especialmente capítulo 2: "As Bases Sociais da Direita: Seus Medos, seu Dedo".

missário de Polícia da cidade. Bratton foi o principal responsável pela aplicação da teoria das janelas quebradas, procurando atacar as pequenas infrações do cotidiano que, a seu ver, afetavam negativamente a qualidade de vida da população ordeira e contribuía para o clima de abandono que estaria por trás dos crimes mais violentos. Para tanto, a estratégia de Bratton incluiu o aumento do contingente policial e a modernização dos equipamentos, a devolução de responsabilidade para os chefes de delegacias (*precincts*), e a implantação de um esquema informatizado de acompanhamento dos índices de criminalidade.

Antes de analisar o tipo de alvo escolhido pela polícia de Nova York em suas investidas contra o crime, vale a pena deter-se por alguns instantes no que o próprio Bratton denominou de "reengenharia" do Departamento de Polícia daquela cidade[11]. A primeira grande medida, além do aumento do contingente e a injeção de recursos na compra de novos equipamentos, foi a descentralização. A estrutura altamente hierárquica, em que os chefes de delegacias só faziam o que lhes era demandado pelo Comissariado, foi radicalmente modificada. Cada delegacia passou a funcionar com mais autonomia, com mais responsabilidade, mas também com a clara obrigação de prestar contas regularmente dos resultados alcançados.

Para Bratton, era fundamental recuperar a auto-estima dos policiais, fazendo-os conscientes do papel importante que desempenhariam na sociedade. Ao buscar a descentralização e a devolução de responsabilidades, o Comissário de Polícia não deixou de premiar policiais mais jovens, entusiasmados com o papel central que passara a ser conferido à polícia. Durante a gestão de Bratton, procurou-se substituir os antigos chefes que poderiam ser empecilho à reorganização operada. Ao mesmo tempo, implantou-se uma sistemática de reuniões semanais de troca de informações entre a cúpula do Comissariado de Polícia e os chefes de delegacias. Tais reuniões tornaram-se a pedra-de-toque da estratégia de Bratton.

Foi durante as reuniões semanais que se implantou a chamada *Compstat* (sigla de *Comprehensive Computer Statistics*), ou seja, um sistema informatizado de acompanhamento da evolução dos índices de criminalidade. Gráficos com estatísticas de criminalidade eram projetados para os participantes, que, por sua vez, tinham oportunidade de partilhar experiências, discutir táticas empregadas e apresentar planejamento para lidar com problemas específicos. Os comandantes de delegacias eram estimulados a apresentar os resultados de seus esforços e compará-los com o planejamento que haviam apresentado

---

11. Valho-me aqui do relato do próprio William Bratton. Ver: William Bratton, "Crime is Down in New York City: Blame the Police", em Norman Dennis (ed.), *op. cit.*, pp. 29-43.

anteriormente. Os casos de êxito e de insucesso eram, assim, discutidos entre todos os participantes. Enquanto a descentralização propiciava a liberdade para os comandantes empregarem o contingente policial à sua disposição da forma que lhes parecesse mais apropriada, as reuniões semanais em torno da *Compstat* compeliam os mesmos comandantes a prestar contas de seus esforços. A pressão por resultados era óbvia: a liberdade de ação e a confiança depositada no trabalho das delegacias precisava ser retribuída ou honrada com reduções visíveis nos índices de criminalidade, no aumento das prisões, em apreensões de armas e drogas. A idéia de produtividade e competitividade passava assim a fazer parte do universo policial. Tratava-se de aplicar à polícia o que já havia funcionado no campo da gestão empresarial.

Nas palavras de William Bratton:

> Nós criamos um sistema em que o Comissário de Polícia, ao lado do seu núcleo executivo, primeiro dá poderes e depois interpela os chefes de delegacias, forçando-os a apresentar um plano para atacar o crime. Mas não se deve parar aí. No nível seguinte, o chefe da delegacia, assumindo o mesmo papel do Comissário, deve dar poderes e interpelar o comandante de uma patrulha. Do mesmo modo, esse comandante deve perguntar a seus policiais: "O que estamos fazendo para resolver tal problema?" [...] até que todos na organização inteira tenham poderes para agir e estejam motivados, ativos, avaliados e bem-sucedidos. Isso funciona em qualquer organização, seja entre os 38.000 policiais de Nova York ou entre funcionários da Mayberry[12].

A ampla utilização dos recursos de informática e de novas técnicas de administração constituem dois dos aspectos do programa Tolerância Zero mais admirados em todo o mundo. Na França, por exemplo, os peritos em segurança são seduzidos sobretudo pela suposta eficiência que esses mecanismos seriam capazes de assegurar. Conforme nota, em tom crítico, Pierre Rimbert: "Os pilares da 'tolerância zero' são o uso intensivo de cartografias estatísticas da delinqüência, a avaliação constante das performances punitivas da polícia e o aumento correlato de uma 'produtividade policial' diretamente inspirada por uma lógica microeconômica."[13] A idéia era aliar os recursos modernos da informática com as técnicas de administração próprias da iniciativa privada, para que os policiais e sobretudo os chefes de delegacia, ao receberem certa autonomia para inovar e tomar decisões, pudessem competir por resultados, ampliando assim a produtividade de toda a organização.

---

12. William Bratton, *Turnaround: How America's Top Cop Reversed the Crime Epidemic*, New York, Random House, 1998, p. 239.
13. Pierre Rimbert, "Les managers de l'Insécurité: production et circulation d'un discours sécuritaire", em Laurent Bonelli e Gilles Sainati, *La Machine à Punir: pratiques et discours sécuritaires*, Paris, L'Esprit Frappeur, 2000, p. 171.

Com efeito, a valorização do policial passava por sua capacidade de inovar e aumentar a produtividade da "delegacia-empresa", a qual precisava dar "lucro". Em vez de uma burocracia esclerosada, Bratton procurou fundar uma estrutura ágil, voltada para a obtenção de resultados, capaz de se adaptar à natureza cambiante das demandas a ela endereçadas. A lógica do lucro e da gestão empresarial parecia, assim, cair como uma luva. Era a melhor forma de dar as respostas que a sociedade solicitava: uma polícia moderna, com capacidade de prever os problemas, antecipar-se e, desse modo, prevenir a prática de crimes. Dito de outro modo, seria uma polícia capaz de renovar seus próprios métodos por meio de uma espécie de controle de qualidade estimulado pelas reuniões da *Compstat*.

Em termos práticos, a estratégia de Bratton, apesar da promessa de que os crimes violentos continuariam a receber atenção, enfatizou as infrações relacionadas com a qualidade de vida. O Comissário colocou em prática em toda a cidade de Nova York o que havia feito em relação ao policiamento do metrô. Como chefe da polícia de trânsito, Bratton aumentou de forma dramática o número de policiais nas estações de metrô, procurou prender mendigos que freqüentavam as estações e reprimiu a prática de "pular roletas". A presença ostensiva da polícia e o apoio da mídia valeram a Bratton a fama de ter restaurado a ordem em um dos espaços públicos mais degradados da cidade. Bratton nunca escondeu seu compromisso com a teoria das janelas quebradas: "Começamos a aplicar esse conceito no metrô. A prática de não pagar a passagem era a maior janela quebrada do sistema de transporte. Decidimos consertar essa janela e tomar medidas para que não voltasse a ser quebrada."[14]

Aos olhos da mídia e de boa parte da população, o homem que deu "jeito" no metrô, conhecido por sua decrepitude e por ser moradia de ratazanas, certamente lograria importantes vitórias em outros campos. A prioridade de Bratton, logo depois de assumir o Cargo de Comissário de Polícia, foi o de erradicar a prática de "lavação de pára-brisas". De forma semelhante aos "cuidadores de carros" no Brasil, os lavadores de pára-brisas prestavam um serviço sem serem solicitados e depois intimavam os donos de automóveis a pagarem pelo trabalho. Os lavadores de pára-brisas de Nova York atacavam sobretudo em semáforos e eram considerados pouco amigáveis.

Depois de eliminar o problema dos lavadores, os alvos foram os sem-teto que haviam improvisado moradias debaixo das pontes Williamsburg e Brooklyn. Outros alvos incluíram o recolhimento compulsório dos mendigos para abrigos da prefeitura, a maioria localizada fora da área central de Manhattan, os pichadores de muros, a prostituição e a pornografia, e os alunos gazeteiros. Em relação a esses

14. William Bratton, *op. cit.*, p. 152.

últimos, a polícia passou a perseguir os alunos que "matavam aula" para dedicar-se ao ócio ou a alguma atividade de lazer. Os gazeteiros foram considerados fontes de futuros problemas mais sérios e passaram a ser alvo de um esforço concentrado da polícia, em cooperação com diretores de escolas e o apoio da mídia. As operações corretivas consistiam basicamente em prender os gazeteiros, levá-los para delegacias por algumas horas e comunicar pais e diretores de escola.

Mas o programa Tolerância Zero não funcionaria se permanecesse limitado ao âmbito policial. As práticas policiais introduzidas por Bratton e Giuliani refletem, em grande medida, uma tendência mais geral de hipertrofia do sistema penal norte-americano. O aumento constante da taxa de encarceramento nos EUA é uma outra faceta, complementar à Tolerância Zero, desse processo de endurecimento nas políticas repressivas. O grande argumento dos defensores da Tolerância Zero é o de que, não obstante eventuais excessos em casos isolados, o programa provou ser efetivo, tendo sido responsável pela redução dos índices de criminalidade. Segundo Bratton, entre 1994 e 1998, os crimes violentos em Nova York foram reduzidos em 38%, sendo que somente os homicídios sofreram declínio de 51%.

CRISE DE CONFIANÇA NO DEPARTAMENTO DE POLÍCIA DE NOVA YORK

Após sua passagem pelo Comissariado de Polícia, William Bratton tornou-se consultor internacional, uma espécie de *globe-trotter* policial que viaja o mundo a divulgar os resultados estupendos alcançados na cidade de Nova York. Também o prefeito Giuliani se tornou consultor internacional e possui uma agenda lotada de compromissos, sendo requisitado para palestras e trabalhos de assessoria em vários lugares do mundo. O mais curioso, contudo, é que a fama da Tolerância Zero se deve sobretudo a uma bem construída estratégia de *marketing*. Resumindo os argumentos de criminologistas de diversas tendências, Christian Parenti[15] assinala que muitas explicações para a redução da criminalidade passam ao largo das estratégias policiais. A baixa nos crimes seria resultado de um coquetel de fatores: a diminuição do número de jovens (que constituem a maioria dos delinqüentes); a queda acentuada na taxa de desemprego; a estabilização e exaustão do mercado de *crack*; relatórios falsos de policiais sobre a ocorrência de delitos; e até os invernos mais rigorosos.

Não é preciso ir tão longe na especulação sobre as causas da redução da criminalidade para contestar a eficiência da Tolerância Zero.

---

15. Christian Parenti, *Lockdown America: Police and Prisons in the Age of Crisis*, New York, Verso, 1999. (Ver capítulo 4.)

Basta ressaltar alguns dados básicos sobre índices de criminalidade: a) os índices de criminalidade de Nova York estavam em queda havia três anos quando Giuliani iniciou seu mandato, não sendo portanto um fato totalmente novo; b) a baixa nos índices de criminalidade foi um fenômeno observado no país inteiro, e não privilégio de Nova York; c) índices semelhantes aos alcançados em Nova York foram obtidos em várias cidades sem que se tenha feito uso de táticas do tipo Tolerância Zero.

De acordo com dados coletados pelo criminologista Alfred Blumstein, da Universidade Carnegie Mellon de Pittsburgh (Estados Unidos), de 1991 a 1998, a taxa de homicídios caiu 76,4% em San Diego, 70,6% em Nova York e 69,3% em Boston. O curioso é que as três cidades empregaram estratégias bem diferentes. Enquanto Nova York enfatizou as políticas de Tolerância Zero, San Diego foi pioneira no policiamento comunitário e Boston procurou envolver líderes religiosos na prevenção de crimes. Outras cidades importantes também tiveram quedas acentuadas nas taxas de homicídios no mesmo período sem que qualquer estratégia coerente tenha sido implementada: 61,3% em Houston, 59,3% em Los Angeles e 52,4% em Dallas[16].

Os argumentos contrários à Tolerância Zero, além de apontar a fragilidade da crença em sua suposta eficiência, procuram enfatizar seus efeitos deletérios. Entre 1994 e 1998, constatou-se um aumento de cerca de 62% no número de queixas de brutalidade policial encaminhadas à Junta de Revisão de Queixas da cidade (*Civilian Complaint Review Board*). A filosofia da Tolerância Zero estimulou a retórica da guerra e as demonstrações espetaculares de força, o que resultou em um maior número de choques entre policiais e civis. Ao mesmo tempo, sob a pressão de obter resultados, alguns policiais passaram a forjar relatórios, de modo a desqualificar a gravidade de alguns crimes não resolvidos e maquiar as estatísticas. Roubos violentos podem transformar-se em furtos simples, e certos homicídios facilmente transmutam-se em suicídio.

Alguns episódios emblemáticos de brutalidade policial foram responsáveis por um abalo considerável na confiança depositada no Departamento de Polícia de Nova York. Entre os vários casos, sobressaem o de Abner Louima, internado em um hospital com hemorragia interna após ser sodomizado com um cassetete e apanhar durante várias horas, e o de Amadou Diallo, morto no vestíbulo de seu prédio cravado por 19 das 41 balas disparadas em sua direção. Ambos os casos causaram comoção na cidade e colocaram em evidência a opção preferencial da polícia pelo ataque a representantes de minorias, em especial jovens negros e latinos. De acordo com uma pesquisa publicada

---

16. Fox Butterfield, "Cities Reduce Crime and Conflict without New York-Style Hardball", em *The New York Times*, 04/03/2000, pp. A-1 e B-4.

pelo jornal *New York Daily* e citada por Wacquant, 80% dos jovens negros e latinos da cidade já haviam sido presos ou revistados pelo menos uma vez pelas forças de segurança[17].

As organizações da sociedade civil passaram a organizar demonstrações e passeatas para denunciar o caráter excludente das práticas policiais do Prefeito Giuliani. A principal fonte de reclamações foi a unidade especial de combate ao crime de rua (*Street Crime Unit*), a menina dos olhos do sucessor de Bratton como Comissário de Polícia, Howard Safir. Essa unidade, cujo lema era *we own the night* (somos os donos da noite), consistia em grupos de policiais à paisana que patrulhavam os bairros considerados mais críticos a procura de armas e drogas. O fato de não usarem uniforme era proposital para garantir o efeito-surpresa. No entanto, a dificuldade de identificação desses policiais como agentes da ordem foi responsável por mal-entendidos que acabaram em tragédias, como no caso de Amadou Diallo.

Por paradoxal que possa parecer, até William Bratton passou a criticar o Departamento de Polícia de Nova York[18], sob o argumento de que, uma vez reduzidas as taxas de crime, as táticas deveriam ter mudado. O policiamento agressivo já não seria mais necessário e sua continuidade apenas minaria a confiança depositada pela população nos policiais. Depois de garantir a pacificação, seria o momento de superar as tensões raciais e estabelecer vínculos entre a polícia, líderes comunitários e políticos. Essa crítica revela, além de eventuais rusgas pessoais entre Bratton e o Prefeito Giuliani, a necessidade de se dar resposta a uma população que protesta e se mobiliza. Bratton não explica, contudo, por que não mudou as táticas do Departamento enquanto era seu Chefe, apesar das reduções nas taxas de crimes violentos observadas naquele período.

Sobre o Departamento de Polícia de Nova York pesa a grave acusação de praticar o que os americanos chamam de *race profiling*. Ou seja, de escolher os alvos de sua atenção pela cor da pele. O principal método utilizado pela *Street Crime Unit* em suas investidas pela noite em bairros como o Bronx e outras áreas "mal-afamadas" é o *stop and frisk* (parar e revistar). Há uma clara percepção de que os policiais preferem revistar os negros e imigrantes, tidos como naturalmente mais propensos ao crime. A ênfase na Tolerância Zero, contudo, mascara esse tipo de preconceito, visto que se utiliza a justificativa de estar atuando nos bairros mais violentos. Esse argumento ignora o fato de que um policiamento eficaz depende, em última instância, da criação de laços de confiança com a comunidade.

A ênfase na repressão aos jovens gazeteiros também gerou críticas. Descobriu-se que muitas vezes os policiais se postavam nas ime-

---

17. Loïc Wacquant, *op. cit.*, p. 29.
18. William Bratton, "The Legacy of Detective Sipowics", *Time*, 06/03/2000, p. 34.

diações, quando não em frente às escolas. Dessa forma, prendiam e levavam para as delegacias os alunos que chegavam atrasados. Essa prática levou os retardatários a preferir perder o dia de aula a correr o risco de serem apanhados a caminho da escola. Os policiais, por seu turno, pareciam inclinados a agir desse modo para mostrar serviço. Afinal, quanto mais prisões efetuassem, maiores eram as chances de serem reconhecidos como produtivos. A lógica do lucro e da delegacia-empresa, parte integrante da Tolerância Zero, revelou sua inadequação ao trabalho policial no caso dos alunos gazeteiros (a exemplo do já mencionado estímulo a forjar boletins de ocorrência).

Outra questão igualmente séria é que a Tolerância Zero tende a jogar nas malhas da justiça criminal um número cada vez maior de pequenos delinqüentes, os quais acabam voltando para as ruas sem que qualquer esforço adicional de mudança de suas condições de vida seja empreendido pelo poder público. Na verdade, a proporção dos que voltam para as ruas, mesmo quando presos por crimes menos graves ou contravenções, tende a diminuir no curto e médio prazos. Isso porque, não obstante a queda nos índices de criminalidade, tem-se verificado um endurecimento nas penas (penas mais pesadas para os mesmos crimes) e uma ampliação do leque de ofensas passíveis de detenção.

O SIGNIFICADO DA TOLERÂNCIA ZERO

É preciso ter presente que a Tolerância Zero não é apenas uma estratégia policial: "Mais que uma estratégia, trata-se de uma retórica, de um vocabulário populista que sobrepõe arbitrariamente moral e direito, restauração dos valores e tutela da ordem pública, demagogia nos assuntos de segurança e demanda social por segurança."[19] A Tolerância Zero é a expressão, no campo da gestão policial da segurança pública, de um contexto em que prevalece a descrença na reabilitação, na busca das causas sociais do crime, na transformação de estruturas sociais, na superação da exclusão produzida e reproduzida diariamente nas relações sociais. É expressão, portanto, de uma oposição visceral, no dia-a-dia e no senso comum, à descoberta central de Durkheim: a de que a sociedade é mais do que a simples soma dos indivíduos que a compõem.

A Tolerância Zero, ao lado da hiperinflação carcerária, é parte do fenômeno da ascensão do Estado penal nos EUA. A hiperinflação carcerária, que a Tolerância Zero apenas vem reforçar, transcende as práticas policiais. É uma tendência que atinge os Estados Unidos como

---

19. Alessandro de Giorgi, *Zero Tolleranza: Strategie e Pratiche della Società di Controllo*, Roma, DeriveApprodi, 2000, p. 115.

um todo. Segundo dados de Wacquant, todos Estados norte-americanos, com as exceções do Maine e de Kansas, sofreram um aumento da população encarcerada superior a 50% entre 1986 e 1996. Em duas décadas, os EUA testemunharam a quadruplicação de sua população de prisioneiros, apesar da manutenção das taxas de homicídio na faixa de 8 a 10 por 100 mil habitantes entre 1975 e 1995[20].

Em 1995, a taxa nacional de homicídios havia declinado 20% para o patamar de 8,2 por 100.000 habitantes depois de alcançar o pico de 10,2 por 100.000 em 1980, um declínio significativo (e continuou a cair para 6,8 por 100.000 em 1997). No entanto, ao olhar novamente o período 1970-1995, constatamos que a taxa de homicídios em 1995 era essencialmente a mesma do que a taxa de 8,3 por 100.000 em 1970. Assim, o melhor que se pode dizer sobre mudanças nos homicídios é que essas taxas não eram piores em 1995 se comparadas às de 1970, apesar de se ter agregado praticamente um milhão de pessoas à população carcerária[21].

O gráfico abaixo, elaborado pelo FBI, demonstra que, entre 1950 e 1999, o pico na taxa de homicídios por 100 mil habitantes nos EUA ocorreu entre 1975 e 1980 e no início da década de 90. Ao longo dos anos 90, no entanto, houve uma queda acentuada nessa taxa.

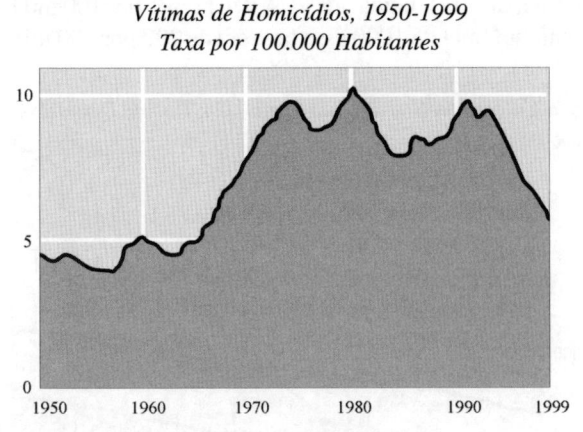

Vítimas de Homicídios, 1950-1999
Taxa por 100.000 Habitantes

Fonte: FBI, *Uniform Crime Reports*, 1950-1999.

De acordo com Wacquant, a descomunal ascensão do Estado penal ao longo dos últimos trinta anos pode ser caracterizada sumariamente por cinco dimensões: a) a expansão vertical do Estado penal pela via da hiperinflação carcerária conforme os dados acima referidos; b) a expansão horizontal pelas novas dificuldades impostas à sus-

20. Loïc Wacquant, "L'Ascension de L'État Pénal en Amérique", em *Actes de la Recherche en Sciences Sociales*. (124):7-26, Septembre, 1998, p. 13.
21. Marc Mauer, *Race to Incarcerate*, New York, The New Press, 1999, p. 84.

pensão condicional da pena, a reestruturação da liberdade condicional e a ampliação das bases de dados eletrônicas para propiciar maior vigilância à distância (isso significa que atualmente 6,5 milhões de norte-americanos estão sob supervisão da justiça criminal); c) advento do *big government* penal ao lado da redução dos gastos com educação, saúde pública e bem-estar social, o que provocou crescimento desproporcional das dotações prisionais nos orçamentos da administração pública (o sistema correcional seria o terceiro maior empregador da nação, com despesas operacionais que excedem US$ 40 bilhões); d) ressurgimento de uma indústria carcerária privada; e e) política de "ação afirmativa" carcerária que se volta contra as comunidades dos guetos e moradores de zonas urbanas de baixa renda, particularmente por meio da política atualmente praticada de guerra às drogas[22].

O quadro abaixo representa o crescimento de população carcerária nas prisões estaduais dos Estados Unidos por diferentes categorias de crimes (violentos, propriedade, drogas e ordem pública). De acordo com o Departamento de Justiça dos Estados Unidos, aquele país contava, em 31 de dezembro de 2001, com 1.962.220 presos em prisões federais e estaduais ou em cadeias locais. O total da população encarcerada aumentou anualmente na proporção de 3,6% em média desde 1995. No final de 2001, havia nos EUA 470 presos por 100 mil habitantes, enquanto no final de 1990 essa taxa era de 292 por 100 mil.

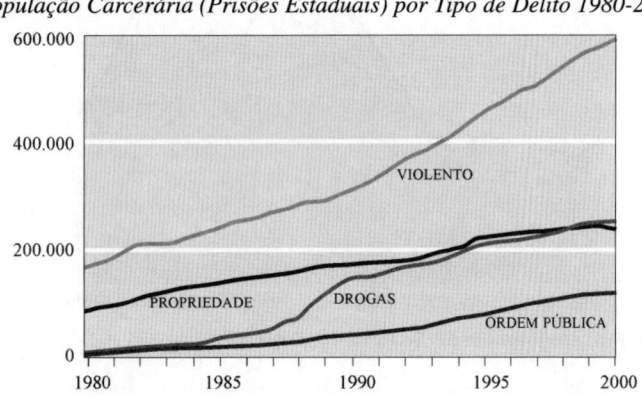

População Carcerária (Prisões Estaduais) por Tipo de Delito 1980-2000

Fonte: Departamento de Justiça dos EUA.

A Tolerância Zero, assim como o aumento brutal da taxa de encarceramento e os investimentos no sistema prisional, seria resultado de uma certa visão de sociedade:

22. Loïc Wacquant, "As Estratégias para Cortar os Custos do Encarceramento em Massa nos Estados Unidos", em *Novos Estudos Cebrap*. (64): 53-60, Novembro, 2002, pp. 53 e 54.

Nosso investimento espetacular na punição não é um desenvolvimento isolado mas parte de uma visão mais ampla de sociedade – uma visão que temos perseguido nos Estados Unidos, com modestos desvios, por mais de um quarto de século. A resposta punitiva e reativa dos EUA ao crime é parte integral de um novo Darwinismo social, a contraparte no âmbito do sistema de justiça criminal de um ataque cada vez mais impiedoso aos padrões de vida e apoios sociais, especialmente no tocante aos pobres, justificado freqüentemente em nome da "responsabilidade pessoal" e do "livre mercado"[23].

E o mesmo autor arremata:

Nossa dependência crescente em relação ao encarceramento nos ajuda a evitar o confronto de uma gama de profundos e persistentes problemas sociais: a continuidade do desemprego em áreas degradadas das cidades, a persistência da pobreza infantil, o virtual colapso dos serviços preventivos de saúde pública e saúde mental, a insuficiência de iniciativas de tratamento efetivo para viciados em drogas e de escolas adequadas para as crianças pobres, a ausência do tipo de políticas de apoio à família que praticamente todas as outras nações avançadas mantêm[24].

Para quem porventura considere exagero vincular os investimentos em encarceramento e punição com o desmantelamento de esquemas de seguridade social e políticas distributivas, é só olhar para as iniciativas implementadas na segunda metade do último mandato do prefeito Giuliani. Intensificou-se o esforço de recolher os sem-teto nova-yorkinos para abrigos da Prefeitura e obrigá-los a trabalhar em troca de salários módicos. Os que não queriam ou não podiam trabalhar corriam o sério risco de serem expulsos dos abrigos e, ao permanecerem nas ruas, serem encarcerados, já que dormir nas ruas e praças é ilegal. Esse plano foi questionado na justiça por entidades de defesa dos direitos humanos e se encontra atualmente congelado.

De qualquer maneira, a substituição do *welfare* pelo *workfare* representa a recusa de se investir em esquemas de seguridade social em nome da responsabilidade individual. Os indivíduos excluídos teriam deixado de ser funcionais para a economia capitalista, tornando-se inclusive obstáculo ao bom funcionamento dos negócios e do turismo. A lógica de recolher os mendigos para abrigos localizados longe das áreas mais valorizadas e freqüentadas por turistas se explica nesse contexto. Quando o recolhimento para o abrigo e o trabalho sem perspectiva dos esquemas de *workfare* não funcionam, entra em cena a Tolerância Zero para enquadrar os recalcitrantes, a horda de disfuncionais que precisam ser punidos não tanto como exemplo para dissuadir potenciais criminosos, mas porque a função da pena se esgota na punição enquanto neutralização e exclusão.

---

23. Elliot Currie, *Crime and Punishment in America*, New York, First Owl, 1998, p. 7.

24. *Idem*, p. 191.

O ocaso da criminologia da reabilitação é uma das características da nossa modernidade tardia, com notou David Garland. Para o autor, os arranjos contemporâneos de controle social foram moldados por forças sociais subjacentes à modernidade tardia, caracterizada pelas idéias do mercado livre e da política conservadora que passou a dominar os EUA e o Reino Unido nos anos 80. Nesse sentido, a nova forma de controle social serve como importante fonte de legitimação para uma visão contrária ao Estado do bem-estar e para uma concepção dos pobres como uma sub-classe indesejável. No contexto atual, a linguagem da condenação e da punição se tornou dominante, o crime foi redramatizado por meio de estereótipos do criminoso jovem, incorrigível, um verdadeiro "predador social" (*social predator*). A prisão, por sua vez, é vista como uma alternativa que funciona bem não como um mecanismo de reforma e reabilitação, mas como meio de incapacitação e punição capaz de satisfazer a demanda popular por segurança e retribuição.

A teoria das janelas quebradas e o programa Tolerância Zero são filhos diletos do desmoronamento do Estado de bem-estar. Garland ressalta, ademais, que as teorias que influenciam a ação no campo da segurança pública são teorias que encaram o crime e a delinqüência não como problemas decorrentes da privação, mas como uma questão de falta de controle adequado. Onde a antiga criminologia pedia mais assistência social, a nova insiste em aumentar os controles e garantir a disciplina. Trata-se de uma reação política, com raízes nas mudanças estruturais observadas na economia e na cultura da modernidade tardia, contra as idéias da reabilitação que prevaleceram no período do Estado do bem-estar social:

> No âmbito da reação política contra o Estado do bem-estar e a modernidade tardia, o tema do crime atuou como uma barreira aos sentimentos de compaixão e como uma lente através da qual se passou a ver o pobre como desprovido de valor, desviante, perigoso, diferente. Nessa visão reacionária, o problema implícito da ordem era visto não como um problema de solidariedade à la Durkheim, mas como um problema hobbesiano de ordem cuja solução deveria ser uma versão focada e disciplinária do Estado Leviatã[25].

Não se devem confundir as novas tecnologias de controle social com a simples repetição dos métodos antigos de controle, ou da reprodução dos suplícios e as formas cruéis de punição praticados nas prisões da Idade Média. Ao menos na versão discutida nos institutos de pesquisa conservadores, aplicados em Nova York e copiados em outros países centrais, não se trata de uma repressão cega aos infratores dos códigos de civilidade. Para os defensores dessa estratégia, as van-

---

25. David Garland, *The Culture of Control: Crime and Social Order in Contemporary Society*, Chicago, University of Chicago Press, 2001, p. 102.

tagens dos novos métodos tipo Tolerância Zero residem na possibilidade de escolher melhor os alvos da vigilância, de modo a empregar os recursos do sistema de justiça penal numa seqüência que envolve classificação, categorização e controle, conforme apontou Didier Bigo ao estudar a tradução da Tolerância Zero para o contexto francês. Na França, de acordo com Bigo, a tarefa de controle envolve um esforço de utilização de bases de dados informatizadas para classificar os tidos como propensos ao crime, tendo por objetivo melhor vigiá-los e impedir que cometam atos delituosos.

Na versão que predomina na França, não se trata de uma represália massiva aos pobres, mas de encontrar formas mais sutis e eficazes de controle, voltadas para a individualização dos casos que merecem acompanhamento. Na verdade, o ideal é utilizar os bancos de dados sobre a vida das pessoas para melhor gerir o risco, ao mesmo tempo em que se encoraja a sociedade a participar ativamente da prevenção dos crimes e da vigilância. O objetivo seria utilizar a colaboração da população e as tecnologias modernas para alcançar formas ditas científicas e neutras de controle do risco, passando pela construção de trajetórias individuais e sociais, demarcação do território e das fronteiras entre as populações de risco e as demais, e a análise e decisão sobre quem é realmente perigoso[26].

Na mesma linhagem do programa Tolerância Zero, é possível encontrar modelos que seguem a lógica semelhante da penalização da miséria, mas com ênfase maior em um foco preciso, voltado para o controle e a prevenção por intermédio da participação da comunidade ou a subordinação de outras agências do Estado à lógica repressiva. É fácil encontrar exemplos nos EUA, como demonstra a Tolerância Zero nas escolas, responsável pela expulsão de estudantes que cometem deslizes antes punidos com simples advertências ou suspensão por um dia. Em Chicago, por sua vez, a Estratégia de Policiamento Alternativo (*Chicago Alternative Policing Strategy*) segue esse caminho, ao estimular reuniões entre a polícia e a prefeitura em que o tema dominante vem a ser justamente as questões de segurança, enquanto outras ações nos quarteirões ficam relegadas ao segundo plano. A polícia, assim, passou a ocupar espaços antes reservados a outras agências e programas redistributivos na tarefa de promover as relações entre Estado e comunidades:

a ascensão da polícia como agente de integração social marca uma tendência no sentido de uma sociedade cujos motores da política e da cultura seriam a desconfiança, a suspeita e o medo. A polícia comunitária é justificável quando permite a promoção de reformas estruturais nas agências de manutenção da ordem. Quando é concebida como um

---

26. Didier Bigo, "Identifier, catégoriser et contrôler: police et logique proactives", em Laurent Bonelli e Gilles Sainati, *La machine à punir: pratiques et discourse sécuritaires*, Paris, l'Esprit Frappeur, 2000, pp. 53-85.

modelo de renovação cívica, ela representa a democracia na sua forma mais desesperada e mais depravada[27].

Independentemente de sua maior ou menor ênfase na relação com a comunidade e na vigilância baseada em dados sobre os indivíduos detidos por diferentes agências do Estado, permanece constante a ideologia individualista que tende a remeter a ocorrência de crimes à essência das pessoas, uma essência na maior parte das vezes considerada imutável. Assim, o único responsável pelo crime é o próprio criminoso, que, na sua racionalidade criminosa procura maximizar de forma ilícita ganhos e minimizar as chances de ser preso. Essa visão do crime como uma função da essência individual reforça a crença no poder de dissuasão do aparelho repressivo, que seria o único instrumento efetivo para alterar a balança dos custos e benefícios da ação criminosa. Ao Estado caberia criar as condições para que os custos associados à prática dos crimes ultrapassem os potenciais ganhos que o criminoso pretende obter com o ato delituoso.

Nesse contexto, os indivíduos são considerados sempre os senhores de seus destinos, seres que escolhem livremente seu próprio caminho e são os únicos responsáveis pelo seu sucesso ou fracasso. É grande a tentação de voltar o olhar para a árvore e deixar de ver o bosque, pois há pessoas que "lutaram e se deram bem" ou indivíduos que, apesar de humilhados e excluídos, conseguiram "dar a volta por cima". Convencer-se de que esses exemplos são representativos e refletem a realidade do mundo é a melhor forma de lavar as mãos, atribuindo o fracasso dos outros unicamente a seus atributos pessoais inatos (preguiça, imoralidade, falta de força de vontade etc.).

Quando se deixa de acreditar na possibilidade de reabilitação e se perde de vista as causas sociais do fenômeno criminal, o Estado fica liberado para canalizar seus esforços nesse campo para a vigilância e a repressão. Se os criminosos são em sua grande maioria irrecuperáveis, pode-se mais facilmente despejá-los nas prisões por mais tempo sem drama de consciência. Se sua essência é imutável, se constituem seres moralmente diferentes e desviantes, a única ferramenta para defender a sociedade passa a ser a repressão, visando a neutralização da ameaça por intermédio de seu isolamento. Não parece fortuita a coincidência entre essas tendências no campo criminal e a culpabilização dos fracassados da economia capitalista por seu próprio malogro.

Cada vez mais, nota-se uma privatização da responsabilidade pela situação de exclusão, não mais atribuída às falhas e deficiências da sociedade, mas explicadas pela culpabilização dos miseráveis e excluídos. Nessa nova versão de darwinismo social, os que não se encai-

---

27. Eric Klinenberg, "L'obsession sécuritaire: patrouilles conviviales à Chicago", em *Le Monde Diplomatique*, (563): 18-19, Février, 2001, p. 19.

xam na sociedade de consumo são os responsáveis pelo seu próprio destino. Dessa forma, as instituições do Estado de bem-estar social seriam vistas como um prêmio à indolência, oferecendo vantagens indevidas a uma sub-classe parasitária. O Estado de bem-estar, onde chegou a desenvolver-se plenamente, foi resultado de lutas sociais, do esforço de arrancar concessões do capitalismo, e foi também um meio de assegurar uma mão-de-obra sempre pronta a reingressar no mercado de trabalho nos momentos de expansão econômica.

Com as mudanças estruturais na economia, o Estado de bem-estar passou a ser considerado um estímulo à ineficiência. Afinal, por que pagar impostos para manter serviços sociais que beneficiarão uma população cada vez mais redundante? Na nova economia da automação, da tecnologia da informação e da flexibilidade do mercado de trabalho, a regra é o corte de postos de trabalho tradicional e a precarização das relações trabalhistas. Deixa de fazer sentido econômico, portanto, sustentar um aparato de serviços para manter um exército de reserva de trabalhadores que não serão necessários. Cortar os serviços públicos ou privatizá-los, diminuir os direitos trabalhistas, quebrar o poder dos sindicatos e reduzir a política social à filantropia no varejo, eis o mantra repetido pelos paladinos da eficiência do mercado.

O que fazer então com os excluídos e redundantes? Na sociedade de consumo, eles também cumprem uma função. Encarnam os demônios interiores da sociedade e, nessa condição, são mantidos à distância. Eles são os imigrantes ilegais na Europa Ocidental, os ciganos na Europa do Leste, os miseráveis, as mães solteiras, os usuários de drogas, os sem-teto e sem-terra, e todos aqueles incapazes de cumprir a função primordial na economia contemporânea: consumir. De acordo com Zygmunt Bauman, a transição da sociedade industrial moderna para a sociedade de consumo atual representou uma série de transformações simultâneas. O fim do emprego tradicional, que proporcionava segurança e estabilidade, diminuiu o espaço da vida vivida como um projeto de planejamento de longo prazo, enquanto o Estado de bem-estar, concebido como instrumento para reabilitar os temporariamente inaptos, perde razão de ser na medida em que um crescente setor da população nunca reingressará na produção. Nessas circunstâncias, a transição para a pós-modernidade nos campos da economia e do Estado representa o ingresso em uma época na qual a tarefa de lidar com os riscos coletivamente produzidos foi privatizada.

Em outras palavras, ocorreu uma privatização da responsabilidade pela situação humana: o auto-engrandecimento toma o lugar do aperfeiçoamento socialmente patrocinado e a auto-afirmação substitui a responsabilidade coletiva pela exclusão de classe:

> Dada a natureza do jogo agora disputado, as aguras e tormentos dos que dele são excluídos, outrora encarados como um malogro *coletivamente* causado e que precisava

ser tratado com *meios coletivos*, só podem ser redefinidos como um *crime individual*. As "classes perigosas" são assim redefinidas como *classes de criminosos*. E, desse modo, as prisões agora, completa e verdadeiramente, fazem as vezes das definhantes instituições do bem-estar[28].

Os excluídos do jogo, como ressalta o autor, são os consumidores falhos, aqueles cujos meios não estão à altura de seus desejos de consumo. Ao representar "os demônios interiores" da sociedade de consumo, seu isolamento em guetos e sua incriminação são uma forma de exorcismo. Além de serem considerados culpados por sua situação de desvantagem, os excluídos passam a ser encarados como ameaça àqueles que estão devidamente inseridos na sociedade de consumo, daí a histeria e a obsessão com a lei e a ordem que se abatem sobre os setores bem-sucedidos. É claro que nos tempos modernos, as classes baixas eram visadas como objeto de vigilância e controle, mas a diferença fundamental reside na antiga preocupação em recuperar, reeducar, normalizar os desviantes.

A sociedade panóptica tal como identificada por Foucault[29] tinha a intenção de controlar e dominar com o intuito de tornar os "anormais" funcionais para a sociedade. O que Bauman ressalta, na mesma linha de Loïc Wacquant, é o fim dessa preocupação ou responsabilidade coletiva e, por conseguinte, a transformação do controle em pura e simples exclusão da convivência social. O exemplo mais evidente dessa tendência, nos países centrais, é o aumento crescente das taxas de encarceramento e a explosão dos gastos com o sistema de justiça penal (polícia e prisões) ao mesmo tempo em que as despesas com as instituições de bem-estar (educação, previdência social, saúde etc.) são cortadas drasticamente:

O que sugere a acentuada aceleração da punição através do encarceramento [...] é que há novos e amplos setores da população visados por uma razão ou outra como uma ameaça à ordem social e que sua expulsão forçada do intercâmbio social através da prisão é vista como um método eficiente de neutralizar a ameaça ou acalmar a ansiedade pública provocada por essa ameaça[30].

O encarceramento em massa e programas como o Tolerância Zero fazem parte dessa tendência geral de exclusão dos indesejáveis, daqueles que trazem no corpo as marcas de uma vida levada à margem da sociedade de consumo. No entanto, nos países centrais há uma preocupação crescente de evitar a simples assimilação da guerra ao crime à guerra contra os miseráveis e pobres. Por isso, procuram-se a sofis-

---

28. Zygmunt Bauman, *O Mal-Estar da Pós-Modernidade*, Rio de Janeiro, Jorge Zahar Editor, 1998, p. 57.
29. Michel Foucault, *Vigiar e Punir*, 15ª ed., Petrópolis, Vozes, 1997, *passim*.
30. Zygmunt Bauman, *Globalização: As Conseqüências Humanas*, Rio de Janeiro, Jorge Zahar Editor, 1999, p. 123.

ticação e as técnicas mais modernas de gerência da informação, além da ênfase na antecipação e a prevenção a partir da disponibilidade de dados pormenorizados sobre a população de risco. Ao definir melhor o alvo a partir de uma análise pretensamente neutra, evitam-se acusações de penalização da miséria, ainda que os esforços de seduzir a audiência por meio do discurso científico não consiga encobrir a visão de mundo conservadora que sustenta as novas políticas na área de segurança pública.

A TOLERÂNCIA ZERO E O BRASIL

O Brasil parece seguir essa mesma tendência de progressiva redução do Estado a suas funções policiais e carcerárias. O problema maior, no entanto, é que o Estado de bem-estar nunca se universalizou no Brasil, de modo que seu desmantelamento deve gerar uma precarização ainda mais intensa do que aquela observada nos países desenvolvidos. Além disso, sabe-se que países como os EUA, por exemplo, têm mais capacidade financeira para sustentar o crescente encarceramento de sua população excluída, ao passo que o Brasil não possui recursos para financiar a construção de presídios na escala pretendida.

A situação atual de superlotação dos presídios brasileiros se conjuga com a "bola de neve" dos mandados de prisão não cumpridos, gerando uma sensação de que o Estado jamais poderá desempenhar a contento nem mesmo sua função penal. Essa é uma razão adicional utilizada para justificar o tipo de exclusão levada a cabo pelas forças de segurança no Brasil, que assumiria conotações mais violentas, tendo em vista que o indivíduo preso é considerado um fardo pesado demais para a sociedade.

A política de segurança pública do Estado Penal é a Tolerância Zero. Ao reduzir a questão da segurança pública a um problema de déficit de polícia e, por conseqüência, de déficit de punição e de encarceramento, essa perspectiva procura dar uma solução que tende apenas a aumentar o contingente de presos, sem efeitos significativos sobre o índice de criminalidade. Esse tipo de política, como observado anteriormente, se encaixa perfeitamente no atual contexto político de desmonte do Estado de bem-estar, de modo a substituí-lo pelo Estado penal, cuja função primordial é neutralizar e tirar de circulação, sem qualquer veleidade de "reeducação" e "normalização, a população redundante e irremediavelmente excluída na sociedade de consumo e dos benefícios gerados pela *polis*.

É interessante observar que a Tolerância Zero pode ser facilmente apropriada por praticamente todas as vertentes da tipologia das visões e perspectivas sobre a violência policial e a criminalidade no Brasil. No eixo 1, apresentado no capítulo anterior, criou-se uma tipologia em torno da justificação da violência policial e dos estereótipos do criminoso. Nesse eixo, sobressaem os discursos que apóiam de forma mais veemente políticas assertivas, aceitando a violência policial como uma ferramenta legítima da sociedade para defender-se (1a). Há também nesse eixo a idéia de pobres, negros e favelados como naturalmente propensos ao crime (1b), a visão de que a violência do Estado é aceitável desde que diferencie entre trabalhadores e bandidos (1d), e a convicção de que miséria e pobreza geram necessariamente o crime (1e).

A Tolerância Zero, não obstante toda sua parafernália tecnológica, tem sido mais conhecida em todo o mundo por não dar trégua aos criminosos, não tolerando nem mesmo as infrações mais corriqueiras contra a qualidade de vida. Os discursos que giram em torno do eixo 1 se identificam com o aspecto repressivo tradicional da Tolerância Zero e com seu pressuposto de que criminosos são seres diferentes, que optaram por uma vida à margem da sociedade. Nesse contexto, as ações policiais baseadas no programa Tolerância Zero não se preocupam em promover uma cidadania igualitária, como demonstra a prática de vigiar sobretudo os habitantes de bairros mais pobres e promover o *race profiling*. A Tolerância Zero também serve no Brasil para reforçar esse lado discriminatório, uma vez que se diz guiada por critérios supostamente objetivos, ou seja, a polícia apenas invade os bairros em que os bandidos costumam se esconder. A diferenciação entre bandidos e trabalhadores também é aceita pelo programa Tolerância Zero, mas isso não impede que mal-entendidos ocorram com certa freqüência, como no exemplo do imigrante africano que foi morto a tiros porque os policiais nova-yorkinos teriam confundido a carteira que tirou do bolso – provavelmente para mostrar um documento comprobatório de seu status de cidadão comum trabalhador – com uma arma. Afinal, um homem negro, morando em um lugar pobre, é automaticamente considerado suspeito.

No segundo eixo da tipologia criada no capítulo anterior, voltado para a questão do funcionamento e controle do aparelho policial, são evidentes também afinidades com o programa Tolerância Zero, ainda que assumam contornos mais sutis e sofisticados. Para a visão segundo a qual o controle da violência policial passa pelo estabelecimento de instituições internas e externas de fiscalização, além de outras reformas institucionais que garantam a *accountability* dos agentes encarregados de fazer cumprir a lei (2a), a Tolerância Zero não deixa de ter um apelo ao garantir um maior controle sobre resultados alcançados em cada distrito. A prestação democrática de contas pode ser vista como um requisito que se implementa de várias maneiras distintas. Diante do aumento da violência e das taxas de homicídios, a prestação democrática de contas da polícia pode significar, para muitas pessoas, apenas um sistema de cobrança da eficiência nos moldes das reuniões em torno do *Compstat*.

De acordo com o tipo 2c de discurso, a violência policial e os crimes em geral seriam facilmente controlados se fossem garantidos à polícia os recursos materiais e humanos necessários ao bom desempenho de suas funções. Como o programa Tolerância Zero passa pelo aumento do efetivo e pela implantação de sistemas informatizados de gerenciamento de dados criminais, esquemas de planejamento estratégico, utilização de softwares e computadores para acompanhar a evolução das estatísticas de crimes e cobrar ações e resultados, modernização das comunicações e do armamento, entre outras reformas, o discurso de tipo 2c tende a endossar facilmente esse programa. Embora algumas dessas reformas sejam realmente necessárias para dotar a polícia de condições de agir com inteligência em vez de utilizar somente a força bruta, não há garantias de que tais instrumentos sejam capazes de isoladamente erradicar as práticas ilegais ou mesmo garantir a eficiência na redução da criminalidade.

Para o tipo 2d, o problema do funcionamento do aparelho policial se resume à punição rigorosa, quer por meio de uma política de guerra sem compaixão contra os criminosos e suspeitos, numa versão próxima ao discurso de direita, quer por intermédio do fim da impunidade dos violadores de direitos humanos, numa perspectiva considerada de esquerda. Nesse caso, a Tolerância Zero, com sua fama de eficiência na punição até mesmo dos delitos mais insignificantes, exerce uma grande atração sobre os que identificam a impunidade como o principal problema no sistema de justiça criminal. O discurso mais duro será seduzido pela postura assertiva promovida pelo programa Tolerância Zero, dando uma autonomia importante ao policial para agir e fazer uso da força para coibir as práticas criminosas. O discurso preocupado com a legalidade das ações policiais estará menos confortável diante da Tolerância Zero, mas não é totalmente incompatível se o lado enfatizado do programa for o mesmo valorizado pelo tipo 2c, ou seja, um maior controle das ações com o acompanhamento da performance e dos resultados obtidos.

Talvez o discurso de tipo 2b seja o que menos pontos em comum tenha com o programa Tolerância Zero, mas não deixa de ser igualmente verdade que esse é o discurso menos influente na sociedade brasileira da atualidade. De acordo com esse tipo de visão, a violência policial é reflexo da dominação de uma classe ou de uma exclusão estrutural, histórica e atávica, no Brasil, das classes populares dos recursos de poder. De qualquer forma, os especialistas de marketing da Tolerância Zero conseguem dourar a pílula até mesmo para os setores mais avessos aos pressupostos conservadores, sobretudo em contextos de crescimento da criminalidade e de desespero da população em meio à insegurança generalizada. O programa Tolerância Zero possui várias facetas e, por essa razão, se presta a interpretações que enfatizam diferentes aspectos, sendo teoricamente possível tanto revelar quanto encobrir determinados pressupostos e elementos de acordo com as preferências da audiência. No entanto, quaisquer que sejam os malabarismos ou contorsionismos aplicados para moldar o programa ao gosto do freguês, o fato é que sua miopia ideológica jamais chega a ser superada: o contexto social e a polissemia da violência desaparecem nas explicações e na formulação de políticas, dando lugar a um reducionismo que na prática elege o indivíduo como único responsável pelo fenômeno da violência.

No Brasil, os discursos predominantes combinam os aspectos mais radicais dos dois eixos da tipologia acima referida para justificar a violência policial com base na necessidade de eliminação do mal e para pedir simplesmente mais polícia para combater o crime. O problema da violência ilegal não chega a ser posto, visto que a verdadeira questão é a guerra ao crime e aos criminosos, sem piedade nem compaixão. Trata-se de punir os criminosos e coibir potenciais delinqüentes com mais polícia nas ruas, o que significa mais confronto e administração sumária da justiça. As vicissitudes da segurança pública são reduzidas a uma questão de déficit de polícia e de vigilância, ou seja, o que se espera é uma política que se traduza em mais rondas policiais e uma pré-disposição para abordar e agir sem meios-termos diante dos suspeitos.

O discurso oficial tende a adotar a Tolerância Zero em termos semelhantes aos utilizados nos países centrais, mas a prática cotidiana da polícia parece interpretar as palavras duras dos líderes políticos como a licença para aniquilar, se necessário for, os novos inimigos internos. O sucesso da Tolerância Zero entre os políticos brasileiros e o público em geral pode ser explicado por uma coincidência de visões de mundo. O individualismo exacerbado que sustenta a Tolerância Zero encontra um ambiente acolhedor no Brasil. A retórica da guerra contra o crime e as classes consideradas naturalmente criminosas propiciada pela Tolerância Zero já vinha sendo aplicada na prática no Brasil, por meio da violência policial ilegal. O discurso que vem do Norte, contudo, possibilita inserir as práticas tupiniquins numa espécie de *mainstream* internacional, ou melhor, revestir a velha arbitrariedade policial de um novo discurso dotado de credibilidade e reconhecimento mundiais. A aura de eficiência e a mística em torno do caráter moderno dos instrumentos da Tolerância Zero dão novo fôlego às nossas velhas práticas, ampliando sua aceitação em todas as classes sociais.

A Tolerância Zero também funcionaria entre nós, ao menos no campo dos desejos e aspirações, como uma espécie de *deus ex machina*, com surpreendente aceitação por todos os setores que querem e precisam encontrar soluções rapidamente para o drama da violência urbana. A Tolerância Zero passa a ser encarada de forma análoga a esse deus largamente utilizado pelos dramaturgos na Antigüidade greco-latina, chamado para resolver uma situação complexa quando não se sabia como terminar a peça. Dessa forma, procura-se solucionar o problema sem a inconveniência de ter de deslindar o emaranhado nem sempre coerente da trama de relações sociais. A Tolerância Zero é crescentemente tomada como uma solução inovadora, dotada de consistência e coerência interna, e capaz de solucionar com sua suposta neutralidade científica o problema da violência e da criminalidade.

Não é a Tolerância Zero que passa a ser aplicada no Brasil como uma estratégia inovadora. Trata-se, antes de tudo, de um processo mais ou menos sutil de dar novas roupagens a algo que já vem sendo feito há muito tempo. Por essa razão, a Tolerância Zero, ao ser oficialmente incorporada às políticas na área de segurança pública, não deverá gerar grandes correções de rumo, apesar de eventuais mudanças retóricas e de pequenos ajustes na gestão das polícias brasileiras. A Tolerância Zero tenderá a servir, na verdade, como arma adicional na defesa de políticas de segurança pública voltadas exclusivamente para a repressão dirigida aos alvos tradicionais. A Tolerância Zero reforça estereótipos correntes na sociedade brasileira, posto que ajuda a reduzir a questão da segurança pública a um problema de polícia. As idéias contidas no programa Tolerância Zero contribuem para reproduzir, dessa forma, a configuração de relações sociais excludentes e autoritárias que estão enraizadas na sociedade brasileira.

A nova estratificação promovida pelo capitalismo em tempos de globalização produz exclusão sistemática e, em última instância, reduz o espaço público, dissolvendo o cidadão em mero consumidor. Nesse sentido, o Brasil coincide com os países centrais, apesar das trajetórias históricas e estruturais distintas. Para retomar Bourdieu, citado anteriormente, dir-se-ia que há uma coincidência entre as estruturas cognitivas daqueles que refletem sobre segurança pública e as estruturas objetivas das relações sociais autoritárias em que ser pobre, negro e favelado equivale à condição automática de suspeito. A hegemonia da ideologia liberal da responsabilidade individual, do *self-made man*, do cidadão consumidor, do utilitarismo extremo, são características comuns que unem o Brasil de hoje aos países centrais.

Mas se há exclusão nos EUA e no Brasil, se a Tolerância Zero tanto lá quanto aqui é uma forma de levar adiante o darwinismo social, devemos concluir que o resultado final das políticas de segurança pública terão efeitos equivalentes em ambos países? As passeatas e protestos contra a política de Giuliani em Nova York podem revelar uma diferença importante: o grau de organização das vítimas preferenciais e seu poder de mobilização são altos naquela cidade. Além disso, apesar de todas arbitrariedades cometidas em Nova York, os números de mortes produzidas em confrontos pelas polícias de São Paulo e Rio de Janeiro fariam qualquer Rudolph Giuliani ruborizar. As relações sociais em Nova York, não obstante as tensões raciais e o processo de exclusão acarretado pela nova economia, parecem em grande medida basear-se na crença de que o ideal constitucional da igualdade perante a lei pode realizar-se, ainda que imperfeitamente. O Brasil, por seu turno, possui características de uma sociedade relacional, para usar expressão de Roberto DaMatta. A igualdade perante a lei faz sentido para uma parcela reduzida da sociedade, a porção "respeitável" que foi capaz de tecer as relações e os vínculos corretos. O ideal da igualdade perante a lei parece aqui muito mais distante, quase uma quimera de efeitos práticos reduzidos. Dessa forma, o discurso da Tolerância Zero daria apenas uma aparência de novo a uma prática antiga de reproduzir, no policiamento cotidiano, as relações sociais hierárquicas. Ajudaria a superar eventuais dramas de consciência, pois toda culpa é transferida ao indivíduo moralmente doente, esse ser "diferente", irremediavelmente perdido, considerado um cancro social que deve ser extirpado para que se possa realizar o ideal autoritário de uma sociedade homogênea, harmoniosa e desprovida de conflitos.

Sem dúvida tem sido freqüente o esforço de copiar em alguma medida no Brasil e em outros países periféricos as receitas gestadas nos países centrais. O programa Tolerância Zero seria um exemplo em que a propaganda da eficiência e de ações orientadas por resultados mensuráveis alimentam a busca de soluções ditas modernas incubadas nos institutos de pesquisa conservadores dos EUA. O que pouco se nota, porém, é que talvez a popularidade do programa Tolerância Zero nos EUA possa revelar também um aprofundamento das desigualdades vividas nas relações entre diferentes grupos naquele país, com a exclusão ainda mais intensa dos julgados desajustados e desviantes. Nesse sentido específico, poder-se-ia dizer que os EUA e outros países desenvolvidos, como a Inglaterra por exemplo, estariam também imitando, ainda que inconscientemente e a seu modo, características muito comuns de sociedades periféricas, como a brasileira.

A progressiva substituição do Estado de bem-estar pelo Estado penal é a face mais visível da brasilianização de países desenvolvidos como os Estados Unidos. É claro que não se trata de um processo de transplantação de um modelo brasileiro para terras forâneas, uma espécie de exportação da exclusão. No entanto, é possível dizer que o aprofundamento da exclusão no Norte o aproxima das sociedades onde a exclusão nunca deixou de se aprofundar. É possível que o credo ultra-liberal, que se baseia da irredutibilidade das diferenças, constitua o fator de unificação e de homogeneização do mundo contemporâneo. Dessa forma, quaisquer que sejam as soluções buscadas para os problemas que afligem as sociedades hodiernas, tanto nos países desenvolvidos quanto nos países em desenvolvimento, elas somente fazem sentido se reafirmam explícita ou implicitamente o darwinismo social baseado na naturalização da diferença e na idéia de que apenas os mais aptos merecem sobreviver.

Observa-se, portanto, um fenômeno interessante em que a aceitação no Brasil do programa Tolerância Zero, gestado em uma realidade que progressivamente se aproxima da brasileira no que tange ao aumento da desigualdade, reflete ao mesmo tempo uma pré-disposição para aderir a novos rótulos que possam criar embalagens mais vendáveis para produtos que mantêm a velha fórmula. O produto, no caso, é a velha política de segurança pública baseada na repressão das classes consideradas perigosas, dos setores da população que são alvo principal da vigilância em função da classificação de acordo com o estereótipo do criminoso enraizado na estrutura cognitiva de policiais, profissionais do direito, autoridades eleitas e de boa parte do público. A diferença entre o Brasil e outros países desenvolvidos, diferença essa que parece reduzir-se em partes do mundo desenvolvido (como a brasilianização dos EUA), é a ausência muito maior de redes de amparo social que minimizem em alguma medida a redução do Estado a sua função penal.

Conforme foi adiantado na introdução, no caso do Brasil e de outros países em desenvolvimento, a ausência dessa rede de proteção para a maioria absoluta da população garante à nova ideologia criminal uma falsidade de tipo original, contribuindo na prática para identificar os excluídos não apenas como alvo preferencial da vigilância (classes perigosas), mas também como classes naturalmente criminosas. Diferentemente das elites brasileiras do século XIX, no entanto, as nossas elites do século XXI têm conseguido utilizar a ideologia importada para encobrir o essencial, conferindo um aspecto moderno a práticas antigas[31].

A apropriação que se faz no Brasil do rótulo da Tolerância Zero revelaria, de um lado, coincidência em relação à visão de mundo dominante nos países ocidentais desenvolvidos – no que diz respeito aos aspectos ideológicos subjacentes à nova forma de gestão da segurança pública – e, de outro, um ambiente de relações sociais altamente propício à incorporação do discurso modernizante associado a tal rótulo. O individualismo exacerbado nos une aos países centrais, enquanto nossa desigualdade estrutural, refletida nas relações sociais hierárquicas, confere às novas estratégias de combate à criminalidade lá formuladas uma repercussão inusitada em terras nacionais, assumindo a função de legitimar, com seu discurso travestido em postulados que reivindicam o estatuto de ciência, a ilusão de que se está diante de uma mudança substantiva em relação aos padrões do passado.

Em suma, o programa Tolerância Zero possui elementos e características que lhe emprestam um caráter extremamente flexível, de modo que sem alterar sua base individualista e reducionista, pode facilmente ser adaptado aos diferentes discursos e visões sobre violên-

31. Vide supra, p. XVII, nota 3.

cia policial e criminalidade identificados no capítulo anterior. O que intriga não é o fato de que se copiem soluções dos países centrais, mas que tais soluções, concebidas no exterior, encontrem no Brasil condições tão propícias para sua aplicação após passar obviamente pelos filtros interpretativos locais. Nesse sentido, poder-se-ia dizer que, no que tange aos pressupostos mais básicos do programa Tolerância Zero e de sua criminologia conservadora, o Brasil oferece um ambiente social em que a tradução desses pressupostos nas relações sociais e na implementação ou ausência de políticas públicas é um dado constante de nossa história que, nos anos 90, talvez tenha adquirido profundidade ainda maior.

No próximo capítulo, recorrer-se-á à contribuição de clássicos da sociologia como Durkheim, Weber e Elias para refletir a respeito das visões de mundo que orientam as políticas de segurança pública no Brasil. Assim, as categorias e reflexões desses pensadores servirão para encaminhar a análise a respeito das dificuldades práticas e teóricas para implantação de uma democracia que tenha em seu núcleo uma concepção de poder como "agir em conjunto", no sentido de Hannah Arendt. A contribuição desses autores é utilizada para refletir sobre os obstáculos para a consolidação democrática, que, diga-se de passagem, constituem fatores que tornam o ambiente das relações sociais no Brasil tão acolhedor para programas do tipo Tolerância Zero. A intenção é lançar mão desses autores para desvendar os referidos obstáculos em diferentes níveis de análise: a sociedade tomada em seu conjunto (Durkheim), a configuração das relações sociais (Elias) e o Estado (Weber).

Dessa forma, pretende-se analisar os dados sobre a violência brasileira e os discursos e visões tratados à luz das categorias desses clássicos da sociologia. Trata-se de um exercício de encontrar nos referidos clássicos do pensamento sociológico algumas categorias que possam ajudar a compreender melhor os dados reunidos nos capítulos anteriores, bem com os discursos e as visões sobre a violência que prevalecem no Brasil contemporâneo. O objetivo, obviamente, não é o de encontrar respostas acabadas aos dilemas que afligem a sociedade brasileira, mas tentar utilizar essas categorias como ferramenta para a aguçar a análise dos modos de manifestação da violência brasileira. Nesse processo, procurar-se-á evidenciar que os modos particulares pelos quais a violência se expressa ou é reproduzida, sobretudo no cotidiano das ações policiais, impõem obstáculos práticos e teóricos para a realização do ideal arendtiano de poder.

4. Sociedade e Estado – Dilemas da Democracia

As obras dos escritores clássicos possuem a característica de aportar contribuições que em geral ultrapassam seu próprio tempo histórico. Ainda que ancorados em pesquisas empíricas específicas, voltados para a compreensão de realidades particulares e, sobretudo, marcados pelos eventos políticos, culturais e econômicos de sua época, os escritos dos clássicos transcendem o interesse meramente histórico, pois passam a integrar um arsenal conceitual e analítico do qual já não se pode prescindir na análise dos fenômenos sociais. Não se trata, bem entendido, de conferir aos clássicos um atributo quase mágico, capaz de fornecer uma espécie de cardápio de soluções para os problemas da sociologia contemporânea. Também não é o caso de defender um *bricolage* das contribuições desses autores como forma de construir arcabouços teóricos que, ao procurar o ecletismo por meio da conciliação dos postulados clássicos, correm o risco de perder o contato com a realidade empírica.

Se é verdade que não se pode ignorar a contribuição dos clássicos, não é menos correto notar que tais escritos não se prestam a uma aplicação mecânica. O sociólogo que procura compreender os fenômenos da sociedade contemporânea encontrará nos clássicos análises úteis para os dias de hoje apenas na medida em que servirem de alavanca para as inovações teóricas e adaptações conceituais que o próprio realidade atual exige. Como não poderia deixar de ser, nem sempre é possível encontrar, nos fundadores da sociologia, pontos de confluência. Embora a sociologia contenha algo de uma ciência cumulativa, a imagem do edifício – cujos andares vão sendo construídos e por assim dizer "encaixados" uns sobre os outros – talvez não constitua a melhor forma de descrevê-la. Melhor seria encarar o conhecimento sociológico como um empreendimento mais complexo e cujo processo de desenvolvimento se caracteriza, para usar outra metáfora, por "movimentos tectônicos", em que novas contribuições não apenas se encaixam sobre as anteriores, mas também se apresentam como concorrentes, criam fissuras ou, simplesmente, geram abalos ao iluminar aspectos antes inexplorados da realidade social.

O analista da realidade contemporânea deverá, portanto, tomar o cuidado de identificar as contribuições clássicas que seguem sendo úteis à sua problemática. Deverá travar um diálogo com esses autores e, se possível, estabelecer comparações e paralelos entre eles, desde que não perca de vista as limitações acima esboçadas e desde que não caia na tentação de tomar atalhos como o do anacronismo às avessas, que consiste em analisar nossa época com os quadros mentais e os referenciais analíticos do período em que viveram os autores clássicos. Feitas essas considerações introdutórias, pode-se passar à descrição de como o pensamento de alguns desses autores (Weber, Elias, Durkheim e Arendt) poderão ser úteis à reflexão acerca da forma como a violência criminal tem sido encarada no Brasil e o que ela revela em termos de obstáculos à consolidação da igualdade e da democracia.

A descrição do Brasil como uma sociedade violenta tornou-se uma espécie de lugar-comum nos dias de hoje. De fato, as imagens que invadem nossos lares por intermédio da mídia eletrônica parecem corroborar a percepção segundo a qual uma "guerra civil não declarada" estaria sendo travada nas periferias das grandes cidades brasileiras. Às guerras entre quadrilhas do crime organizado somam-se as ações ilegais dos órgãos de segurança do Estado, e o resultado não poderia ser menos aterrador: as chacinas e os massacres passaram a fazer parte do cotidiano do país, reforçando e generalizando o sentimento de insegurança, especialmente nas áreas urbanas. Em geral, tem-se atribuído ao Estado a culpa pelo agravamento da situação, seja porque os órgãos de segurança não são suficientemente rigorosos e eficientes no combate ao crime, seja porque o aparelho repressivo extrapola sua missão legal e passa a agir de forma descontrolada.

Em meio ao debate sobre a segurança pública no Brasil, como foi visto nos capítulos anteriores, não são raras as manifestações que procuram justificar as atrocidades cometidas pelos agentes da segurança pública com o argumento de que constituem o único recurso eficaz contra o crescimento da criminalidade. Trata-se, nesse caso, de erradicar o mal por meio da eliminação de sua fonte irradiadora. Nesse diapasão, passa-se a defender a aniquilação dos criminosos, tidos como uma escória irrecuperável, comparados a feras indomáveis. A esta solução final opõe-se, *grosso modo*, uma segunda posição, muito comum entre as organizações de defesa dos direitos humanos, que enfatiza o déficit de Estado a partir de um ponto de vista claramente distinto. O problema residiria sobretudo na falta de controle e fiscalização democráticos sobre os agentes encarregados de fazer cumprir a lei, o que geraria ambiente propício para que a violência da criminalidade comum seja retroalimentada pela violência policial, em um círculo vicioso cuja rigidez aumenta incessantemente.

Essas duas grandes visões sintetizam em grandes linhas a tipologia criada no segundo capítulo. Com efeito, a discussão levada a cabo nos capítulos anteriores fornece o quadro de referências em relação ao qual se pretende discutir a contribuição de alguns clássicos da sociologia, que, preocupados com a emergência da modernidade no Ocidente, trataram das mutações que levaram a um maior controle da violência, tanto a estatal quanto a interpessoal. Nesse sentido, os episódios de violência no Brasil de hoje parecem em alguma medida contradizer a tendência que seria própria da modernidade. Para que essa avaliação sobre a adequação da sociedade brasileira aos cânones da modernidade no que diz respeito ao controle da violência possa ser levada a bom termo, optou-se por privilegiar, em um primeiro momento, duas categorias fundamentais que descreveriam a paulatina circunscrição da violência nos tempos modernos: o monopólio da violência física legítima por parte do Estado, de um lado, e o processo civilizatório caracterizado pela progressiva criação de espaços pacificados no âmbito da sociedade, de outro.

O objetivo, nas duas primeiras seções deste capítulo, é fazer uma apropriação das contribuições de Weber e de Elias sobre a modernidade para o exame da questão da violência no Brasil. A emergência da modernidade no Ocidente foi analisada por ambos autores de perspectivas que, não obstante distintas, podem ser consideradas complementares. As categorias do monopólio da violência física legítima (Weber) e da pacificação (Elias) correspondem ao mesmo processo em que a formação do Estado moderno se fez acompanhar do desenvolvimento de uma determinada configuração social e de uma transformação na economia psíquica dos indivíduos. Nesse sentido, parece ser útil confrontar alguns aspectos da violência no Brasil, sobretudo aquela levada a cabo pelo aparelho policial, com as categorias avançadas por Weber e Elias, de modo a indicar em que medida a realidade brasileira se ajusta aos tipos de Estado e de sociedade mais característicos da modernidade ocidental.

Para facilitar a discussão, a primeira parte partirá da contribuição weberiana para pensar os aspectos institucionais e de organização do aparelho repressivo brasileiro que parecem configurar uma fissura no monopólio da violência física legítima. A continuidade da violência policial na década de 90 dá mostras de que o Estado de direito no Brasil passa por dificuldades não desprezíveis. A incapacidade do Estado brasileiro de controlar as próprias ações dos agentes públicos encarregados de aplicar a lei conjuga-se com a impunidade, ou seja, a incapacidade de punir uma vez cometidos os abusos. Em outras palavras, o monopólio da violência legítima, que deveria ser regulada por estatutos impessoais aplicados por um corpo administrativo especializado e hierárquico, parece dar lugar a uma quebra *de facto* desse monopólio quando os agentes públicos desconsideram os estatutos legais que deveriam obedecer e administram uma concepção muito particular de justiça.

A segunda seção será dedicada à contribuição de Elias e se ocupará da justificação da violência, a qual aparece com freqüência como um recurso considerado natural em um ambiente crescentemente hostil. A justificação da violência policial contra suspeitos e criminosos, por exemplo, deriva de uma percepção generalizada sobre o crescimento da criminalidade urbana e a necessidade de remédios radicais como modo de evitar que o mal se espraie por todo o tecido social. O criminoso é considerado um caso perdido e sem a mínima chance de ressocialização. Ao ter optado pela vida criminosa, tornou-se inimigo, uma ameaça que precisa ser combatida a todo custo, sem consideração pela idéia de direitos, que, aliás, não deveriam, desse ponto de vista, ser atribuídos aos bandidos. Deve-se pensar, a partir das categorias de Norbert Elias, até que ponto a generalização desse tipo de percepção expressa uma configuração social caracterizada pelo retrocesso no processo civilizatório.

Ao utilizar as categorias de Weber e Elias, o capítulo estará empregando dois níveis de análise, que seriam, respectivamente, o Estado e a configuração de relações sociais. Na terceira seção do capítulo, contudo, procurar-se-á incorporar a contribuição de Durkheim, de modo a agregar o nível de análise da sociedade como um todo. Dessa forma será possível encarar o problema sob distintos ângulos, que, tomados em seu conjunto, podem dar uma dimensão mais precisa dos obstáculos teóricos e práticos para a consolidação de uma sociedade e um Estado assentados na idéia de igualdade. A quarta seção deste capítulo, por sua vez, fará um exercício semelhante de análise da violência interpessoal e policial a partir do pensamento de Hannah Arendt. Ao final, pretende-se construir um panorama analítico que permita evidenciar os pontos mais visíveis de estrangulamento, na sociedade e no Estado brasileiros, a dificultar a consolidação de uma concepção de poder como agir em conjunto e, por conseguinte, para o enraizamento da igualdade e da democracia entre nós.

Cabe ressaltar, ademais, que não é a intenção deste capítulo conferir algum tipo de classificação que leve, ao final da exposição, a que se possa afirmar peremptoriamente que o Brasil se insere ou não no movimento da modernidade. Mais do que classificações rígidas, procurar-se-á encontrar ambigüidades e ambivalências que se desvelam na análise da violência policial e da violência criminal e de sua representação no seio da sociedade.

A FRATURA NO MONOPÓLIO DA VIOLÊNCIA

A centralização dos meios de violência no Estado ocupa lugar central da análise weberiana da modernidade. Essa centralização toma a forma da desprivatização dos meios de violência e sua concentração em um corpo específico de homens encarregados da manutenção da ordem estabelecida. Ao analisar as sociedades mais desenvolvidas, Weber observa o seguinte:

> A lei existe quando há uma probabilidade de que a ordem seja mantida por um quadro específico de homens que usarão a força física ou psíquica com a intenção de obter conformidade com a ordem, ou de impor sanções pela sua violação. [...] Em geral, entendemos por "poder" a possibilidade de que um homem, ou um grupo de homens, realize sua vontade própria numa ação comunitária até mesmo contra a resistência de outros que participam da ação[1].

A sanção e a coerção, portanto, podem ser apenas uma manifestação da dominação de homens sobre homens, ainda que aplicadas por quadro específico de indivíduos encarregados de manter a ordem. Mas isso não significa que toda dominação se fundamente tão-somente na coerção. Weber tem consciência de que a dominação precisa ser também aceita em alguma medida. É por isso que em sua definição do Estado moderno, o autor ressalta o aspecto da legitimidade: "o Estado é uma comunidade humana que pretende, com êxito, o monopólio do uso legítimo da força física dentro de um determinado território"[2]. Ou seja, o Estado é a única fonte do direito de usar a violência, a qual, por sua vez, é vista como legítima. Se a violência monopolizada pelo Estado é legítima, parece lógico que a relação de dominação que ela traduz encontra uma justificação íntima que explica por que os homens obedecem.

Vale a pena recordar, nesse contexto, que Weber constrói três tipos ideais de dominação legítima. Na primeira, chamada de dominação tradicional, exercida pelo patriarca e pelo príncipe patrimonial, a obediência baseia-se na crença cotidiana na santidade das tradições vigentes. Na dominação carismática, exercida pelo profeta, pelo governante plebiscitário ou pelo grande demagogo, o que conta é a dedicação e a confiança pessoal na revelação, heroísmo ou quaisquer

---

1. Max Weber, "Classe, Estamento, Partido", em H. H. Gerth e C. Wright Mills (orgs.), *Max Weber: Ensaios de Sociologia*, Rio de Janeiro, Guanabara, 1982, p. 211.
2. Max Weber, "A Política como Vocação", em H. H. Gerth e C. Wright Mills (orgs.), *op. cit.*, p. 98.

outras qualidades excepcionais e extraordinárias da liderança. A dominação legal, finalmente, exercida pelo moderno funcionário do Estado, sustenta-se na fé na validade do estatuto legal e na competência funcional estabelecida por regras racionalmente criadas. O tipo ideal da dominação legal descreveria, assim, na sua forma pura, a dominação que tem lugar sob o Estado moderno, ou seja, a dominação baseada em estatutos, caracterizada pela obediência "à ordem impessoal, objetiva e legalmente estatuída e aos superiores por ela determinados, em virtude da legalidade formal de suas disposições e dentro do âmbito de vigência destas"[3].

A emergência do Estado moderno, o fortalecimento das características do tipo ideal da dominação legal e o desenvolvimento do capitalismo são fenômenos paralelos que se reforçam mutuamente. Uma chave para entender esse processo de reforço mútuo é a tendência da racionalização, que perpassa todas as esferas da vida social. A racionalização dos processos sociais tem raízes, entre outros, no "desencantamento do mundo", vale dizer, no abandono das explicações mágicas para os eventos mundanos. No que tange especificamente ao Estado moderno, a racionalização crescente fortaleceu uma dominação baseada em estatutos legais, mas levou também à burocratização tanto no seio do quadro administrativo encarregado de organizar a dominação quanto nas empresas privadas. A razão para o sucesso da burocracia é sua superioridade técnica:

> A razão decisiva para o progresso da organização burocrática foi sempre a superioridade puramente técnica sobre qualquer outra forma de organização. O mecanismo burocrático plenamente desenvolvido compara-se às outras organizações exatamente da mesma forma pela qual a máquina se compara aos modos não-mecânicos de produção[4].

Em função dessa eficiência, o grande Estado moderno torna-se dependente, tecnicamente falando, de uma base burocrática. Além disso, a burocracia acompanharia inevitavelmente a moderna democracia de massa, pois o princípio que caracteriza a burocracia é o da regularidade abstrata na execução da autoridade, produto da procura da igualdade perante a lei, do horror ao privilégio e da rejeição a tratar individualmente os casos concretos. A dominação legal atinge sua forma mais acabada com a burocracia, que se pauta pelo exercício de competências funcionais reguladas por estatutos, pelo princípio da hierarquia funcional, pela separação absoluta entre o quadro administrativo e os meios de administração. O resultado é uma dominação *sine ira et studio*, sem cólera nem parcialidade. É o domínio da impes-

---

3. Max Weber, *Economia e Sociedade*, Brasília, Editora UnB, 1991, p. 141.
4. Max Weber, "Burocracia", em H. H. Gerth e C. Wright Mills (orgs.), *op. cit.*, p. 249.

soalidade formalista, a atuação sob pressão de conceitos de dever e o abandono de considerações pessoais.

Pode-se indagar, nesse ponto, a relevância de Weber para o estudo do fenômeno da violência no Brasil, sobretudo no que diz respeito à brutalidade policial como forma de combate à criminalidade. Não seria descabido perguntar qual é a relação entre as análises weberianas sobre a burocratização e a questão da violência. É justamente no conceito de monopólio da violência que reside a chave que permitirá abrir o manancial de conceitos weberianos para os propósitos de uma análise da violência brasileira. Cumpre assinalar, de início, que Weber identificou a pacificação da sociedade e a concentração dos meios de violência nas mãos do Estado como fatores que impulsionaram a burocratização. Trata-se da superação da resolução pessoal dos conflitos pela instauração da impessoalidade:

> Entre os fatores exclusivamente políticos, a crescente exigência de uma sociedade habituada à pacificação absoluta, por meio da aplicação da ordem e da proteção ("polícia") em todos os campos, exerce uma influência especialmente perseverante no sentido da burocratização. Um caminho contínuo leva desde as modificações das lutas sanguíneas, sacerdotalmente, ou por meio de arbitramento, até a atual posição do policial como o "representante de Deus na Terra". Os meios antigos atribuíam as garantias dos direitos e segurança do indivíduo diretamente aos membros de seu clã, que eram obrigados a ajudá-lo com juramentos e vingança[5].

A vingança privada é assim substituída pela resolução impessoal dos conflitos. A violência, como meio específico do Estado, é "desprivatizada" à medida que o processo de pacificação da sociedade toma vulto[6]. Ao mesmo tempo, um grupo especializado no uso da violência é criado para garantir os direitos e a segurança dos indivíduos, evitando que episódios de violência privada transformem a convivência humana no domínio do mais forte ou daqueles que melhor conseguem tecer relações pessoais e vínculos de fidelidade. Mas será que este cenário não seria demasiado róseo? E o que dizer dos Estados modernos em que o aparato repressivo é utilizado como instrumento de aniquilação de opositores políticos? Ou ainda, como seria possível enquadrar nesse arcabouço o caso brasileiro, em que os agentes do Estado muitas vezes se apropriam dos meios de violência para administrar uma concepção particular de justiça?

É importante ter presente, antes de qualquer coisa, que Weber não procurou em sua obra fazer uma descrição *ipso facto* do processo histórico real. A realidade, para Weber, é por demais complexa para se deixar apreender por intermédio de instrumentos conceituais

---

5. Max Weber, "Burocracia", em H. H. Gerth e C. Wright Mills (orgs.), *op. cit.*, pp. 247-248.

6. A categoria da pacificação será discutida de forma mais detida na seção seguinte, dedicada ao pensamento de Norbert Elias.

ou categorias analíticas com pretensão à universalidade ou dotados de veleidades totalizantes. Weber buscou tendências e, sobretudo, construiu tipos ideais que não devem ser confundidos com a realidade. As formas de dominação legítima são tipos ideais que jamais são encontrados na realidade em sua forma pura. O mais comum, adverte Weber, é que a dominação real apresente características de mais de um tipo ideal. Caberá ao analista verificar em que medida a realidade empírica se aproxima ou se afasta dos elementos que compõem os tipos ideais.

Seguindo esse caminho aberto por Weber, seria possível ver as formas concretas de dominação na sociedade brasileira como uma mescla em que elementos da dominação legal são interpenetrados por características dos outros tipos ideais. Essa parece ser a conclusão de alguns textos clássicos de interpretação da realidade brasileira, que tendem a ressaltar o peso das estruturas patrimoniais de dominação, em que o cargo público muitas vezes é tratado como um bem privado, sob as roupagens de um Estado legal racional[7]. De fato, o domínio da impessoalidade afirmada pela legislação inspirada na tradição do direito romano-germânico, e portanto profusa em regras e normas, contrasta com sua aplicação ao sabor das conveniências dos que detêm posições de mando. Basta lembrar, a propósito, aquela velha máxima atribuída a Getúlio Vargas: aos amigos tudo, aos inimigos o rigor da lei.

A gestão cotidiana da violência criminal no Brasil parece afastar-se, assim, de alguns dos traços básicos de uma dominação legal, exercida por intermédio de uma burocracia impessoal, que constituiria o tipo ideal de dominação próprio do Estado moderno. A questão da impessoalidade talvez tenha uma importância fundamental, pois pressupõe que todos os casos recebam um tratamento padrão, fazendo da igualdade perante a lei um dos princípios essenciais do funcionamento da burocracia. No entanto, são inúmeros os exemplos no Brasil que revelam a desconsideração desse princípio básico. Aparentemente, a lei, que deveria ser igual para todos, adquire elasticidade na atuação diária dos agentes do Estado e da polícia, podendo ser desconsiderada, extrapolada ou aplicada exemplarmente, dependendo, entre outros fatores, da adequação ou não do suspeito ou criminoso aos estereótipos que orientam as práticas dos agentes policiais. Nesse sentido, há uma clara ruptura prática com o tipo de dominação legal-racional, de uma polícia e um Estado que funcionariam de acordo com os cânones da burocracia tal como descrita por Weber, caracterizada pelo respeito à impessoalidade e aos estatutos legais que determinam seu âmbito de atuação.

---

7. Ver, por exemplo: Raymundo Faoro, *Os Donos do Poder*, 7ª ed., Rio de Janeiro, Globo, 1987.

A título de ilustração, vale mencionar a seguinte conclusão de Roberto Kant de Lima, tirada a partir de sua análise da polícia carioca, mas que certamente poderia ser generalizada para outras regiões do país:

> Em vez de apurar os fatos, a polícia vigia a população, num processo preliminar de seleção para a aplicação desigual da lei. [...]. Ao exercer as funções judiciárias, a polícia não atua simplesmente como agente do sistema judicial, identificando os fatos criminosos previamente tipificados (previstos) pela lei, tal como estipula a teoria jurídica brasileira. Na realidade a polícia "prevê" os fatos delituosos por meio de suposições relativas ao caráter do delinqüente[8].

Em geral, a polícia possui um conjunto de noções pré-estabelecidas que orientam a seleção dos alvos preferenciais de sua vigilância. Como foi visto no segundo capítulo, os jovens, negros, pobres, favelados, desempregados, mal-vestidos são equiparados a delinqüentes. O fortalecimento desses estereótipos, sobretudo com o crescimento dos homicídios e da criminalidade nos anos 90, demonstra a dificuldade de superação da estrutura hierárquica da sociedade brasileira, não obstante o discurso igualitário que acompanha a democracia política e a aparência de contarmos com um Estado que reivindica o monopólio do uso legítimo da força física. No entanto, como já se mencionou no segundo capítulo, a lei geralmente não é aplicada de forma igual para todos e, por essa razão, pode ser considerada relativa. Em outras palavras, os modos de aplicação da lei dependem não apenas dos estereótipos que guiam a ação policial, mas também da teia de relações que o suspeito consegue estabelecer nas esferas dominantes da sociedade. Dessa forma, consegue-se garantir que suspeitos de haver praticado o mesmo crime tenham sorte muito diferente, dependendo de suas relações e conexões pessoais.

Trilhando o caminho aberto pelas categorias de Max Weber, seria possível afirmar que o monopólio da violência física legítima por parte do Estado sofre fissuras importantes pela aplicação desigual da lei de forma sistemática. Este é um fenômeno que tem sido identificado como um obstáculo sério para a consolidação da democracia. De acordo com Guillermo O'Donnell, o princípio da lei ou o Estado de Direito possuem um significado claro: qualquer que seja a legislação vigente, ela teria de ser aplicada de forma justa pelas instituições estatais competentes, ou seja, a aplicação das normas legais, tanto pela polícia quanto pelo Judiciário, seriam coerentes em casos equivalentes, respeitando procedimentos pré-estabelecidos e de todos conhecidos. O autor nota, porém, que em muitos países da América Latina, e o Brasil não é exceção, existem enormes hiatos, tanto em termos territoriais quanto

---

8. Roberto Kant de Lima, *A Polícia da Cidade do Rio de Janeiro: Seus Dilemas e Paradoxos*, Rio de Janeiro, Forense, 1995, p. 8.

em relação às categorias sociais, na vigência do princípio da lei. Haveria uma longa tradição na América Latina de ignorar a lei ou, quando ela é acatada, de torcê-la em favor dos poderosos e da repressão e contenção dos fracos.

> se alguém não tem condição ou as ligações sociais "apropriadas", agir diante dessas burocracias como portador de direitos, não como suplicante de um favor, é praticamente uma garantia de penosas dificuldades.
> [...] supõe-se que todo o aparelho de Estado e seus agentes se submetam ao princípio da lei, e de fato já observei que as flagrantes transgressões seja qual for a legalidade existente são cometidas durante contatos desses agentes com os pobres e fracos[9].

A eficácia da lei e de sua aplicação de acordo com o princípio da burocracia weberiana em um Estado de Direito não corresponde às práticas prevalecentes no Brasil. A sugestão de O'Donnell é a de que a eficácia do princípio da lei depende dos âmbitos territoriais e das categorias sociais em questão. A idéia de que todos os cidadãos são portadores de direitos, por exemplo, teria mais eficácia para as classes sociais abastadas. Nos bairros mais pobres e nas favelas, por sua vez, o princípio da lei seria muito mais frouxo, os controles institucionais no funcionamento das burocracias encarregadas de aplicar a lei, mais distantes, e o respeito aos direitos dos cidadãos, mais seletivo. Haveria, portanto, algumas "zonas marrons" em que a aplicação da lei funcionaria de acordo com práticas sociais costumeiras, escapando aos controles institucionais e ao comando burocrático no sentido da observação estrita dos estatutos funcionais estabelecidos em lei.

Como a efetividade da lei, segundo O'Donnell, se estende de forma muito irregular pelo território e pelas relações sociais, formam-se sistemas de poder privados (ou privatizados) nos quais alguns direitos e garantias da legalidade democrática não têm eficácia.

> O crescimento do crime, as intervenções ilegais da polícia nos bairros pobres, a prática disseminada da tortura e mesmo da execução sumária de suspeitos pertencentes aos setores pobres ou de alguma forma estigmatizados [...] refletem não apenas um grave processo de decadência urbana. Eles também expressam a crescente incapacidade do Estado para tornar efetivas suas próprias regulações[10].

O mesmo autor completa: "Devemos lembrar que a legalidade de uma ordem democrática que funcione adequadamente é universalista: pode ser invocada com sucesso por qualquer pessoa, independentemente de sua posição na sociedade."[11] O problema do Brasil, no en-

---

9. Guillermo O'Donnell, "Poliarquias e a (In)efetividade da Lei na América Latina", em *Novos Estudos Cebrap*, (51):37-61, julho, 1998, pp. 45 e 50.
10. Guillermo O'Donnell, "Sobre o Estado, a Democratização e Alguns Problemas Conceituais", em *Novos Estudos Cebrap*, (36): 123-145, julho, 1993, p. 129.
11. Guillermo O'Donnell, "Sobre o Estado, a Democratização e Alguns Problemas Conceituais", *op. cit.*, p. 132.

tanto, residiria no fato de que a democracia se baseia em um Estado esquizofrênico, que mistura de modo complexo, tanto funcional quanto territorialmente, importantes características democráticas e autoritárias. Nas palavras de O'Donnell: "É um Estado no qual os componentes de legalidade democrática e, portanto, de publicidade e cidadania, desaparecem nas fronteiras de várias regiões e relações étnicas e de classe."[12] O autor toca em um ponto central da característica assumida pelo aparelho de Estado no Brasil ao recordar a questão da universalidade. Com efeito, a impessoalidade, ao lado da universalidade, seriam os dois pilares de sustentação do Estado que pretende deter o monopólio da força física legítima. Ao mesmo tempo, desfaz-se diante dos olhos a veleidade do Estado como garante da igualdade e dos direitos dos cidadãos.

Em face de um Estado e de uma sociedade avessos à impessoalidade, à aplicação universal, automática, racional e burocrática das normas, amplia-se a incerteza sobre o desfecho dos encontros entre os agentes do Estado e a população, diminuindo na mesma proporção a previsibilidade que, em tese, marcaria as relações entre a burocracia e a população sob o modelo de dominação racional-legal. Isso não significa que o Brasil esteja condenado à reprodução *ad eternum* de um modelo hierárquico de sociedade, com um Estado condicionado a gerar benefícios apenas para os que possuem recursos de poder e que, portanto, se encontram bem situados na rede de relações e nas instâncias decisórias. Não é uma questão de fatalismo histórico nem é o caso de lamentar-se porque não se conseguiu implantar no país um modelo de Estado mais fiel ao tipo de dominação legal-racional, tal como descrito por Max Weber.

Dito de outro modo, não existe nenhum julgamento de valor na constatação da falta de consonância entre a realidade brasileira e os aspectos do modelo de dominação legal-racional. O importante é ressaltar que, em determinadas circunstâncias, como na aplicação da lei pela autoridade policial, o afastamento em relação ao modelo em questão solapa a dominação *sine ira et studio* própria à burocracia weberiana. No entanto, no lugar de substituir o domínio da impessoalidade formalista por alguma modalidade de dominação capaz de compensar as desigualdades sociais, o que se nota é a utilização seletiva da formalidade, reforçando as desigualdades e as hierarquias sociais.

Embora na prática a impessoalidade no Brasil se limite, ao menos quando se abstrai a estrutura macropolítica, a um ideal, a uma promessa que acompanha o liberalismo democrático ainda pouco enraizado, os estatutos legais permanecem como ponto de referência, conferindo legitimidade à organização de movimentos sociais que contestam a

---

12. Guillermo O'Donnell, "Sobre o Estado, a Democratização e Alguns Problemas Conceituais", *op. cit.*, p. 133.

discriminação e o caráter casuístico da aplicação da lei. De qualquer forma, deve-se reconhecer que o modelo de dominação legal pode ser útil na medida em que auxilie a identificar os aspectos da realidade que se aproximam e, sobretudo, se afastam do modelo. Além da impessoalidade, em grande medida ausente do trabalho policial, outra característica diretamente relacionada é a relativa dificuldade de se descrever o caso brasileiro como exemplo de um monopólio da violência física legítima, já que a resposta mais comum ao aumento da criminalidade tem sido os episódios de brutalidade policial de cujos exemplos mais conspícuos o capítulo 1 forneceu uma pequena, porém representativa, amostra.

A rigor, esse monopólio nunca existiu em sua forma pura em nenhum lugar do mundo, mas as sociedades contemporâneas, sobretudo a partir da formação do Estado moderno, apresentam a tendência de confiar a um grupo especializado a função de exercer a violência de acordo com estatutos legais. No entanto, o monopólio da violência física legítima, no Brasil, é minado pela própria atuação ilegal da polícia, que tende a apoderar-se dos instrumentos de violência em uma duvidosa cruzada contra os criminosos e suspeitos. Longe de representar um uso legitimado por estatutos legais e funcionar como uma engrenagem na cadeia de comando burocrática, a atuação policial adquire certa autonomia na interpretação de seus deveres e tende a reproduzir uma concepção de sociedade que se encontra em franco desacordo com os princípios da formalidade e da impessoalidade.

Deve-se notar, antes de passar à próxima seção, um limite fundamental na obra de Weber que não se pode esquecer sob pena de cometer um erro básico. É forçoso admitir, com Pierre Bourdieu, que, para Weber, o reconhecimento da legitimidade é um ato livre de uma consciência clara. Para Bourdieu, contudo, a dominação exercida por meio do Estado se desdobra em uma *doxa*: "A *doxa* é um ponto de vista particular, o ponto de vista dos dominantes, que se apresenta e se impõe como ponto de vista universal; é o ponto de vista daqueles que dominam no ato de dominar o Estado e que constituíram seu ponto de vista em ponto de vista universal à medida que foram construindo o Estado"[13].

O que Bourdieu enfatiza, e que talvez não tenha sido percebido em todas suas implicações por Weber, é que a obediência às injunções estatais não pode ser compreendida nem como submissão mecânica a uma força nem como consentimento consciente à ordem. De acordo com Bourdieu, a obediência tem a ver com a monopolização do universal que se dá no seio do campo burocrático. Em suma, a obediência resulta de um trabalho histórico de construção simbólica em que se

---

13. Pierre Bourdieu, *Raisons pratiques*, Paris, Seuil, 1994, p. 129.

consolida a representação do Estado como lugar da universalidade e do serviço do interesse geral. Ao cabo dessa construção simbólica, o que é na verdade o interesse de camadas dominantes aparece como o interesse geral.

VICISSITUDES DA PACIFICAÇÃO

A quebra no monopólio da violência física legítima talvez seja expressão de uma sociedade que encontra dificuldades não desprezíveis de pacificar-se, ou seja, de encontrar canais de negociação e de solução pacífica dos conflitos que emergem nas diferentes esferas da vida social. A polícia aparece como a ponta desse *iceberg*, reproduzindo e reforçando noções de senso comum que permeiam um leque muito mais amplo de atores sociais. Como já foi possível observar nos capítulos anteriores, quando a polícia comete arbitrariedades de um modo dito certeiro, contra os verdadeiros bandidos, ela muitas vezes angaria o apoio da população. É claro que o paradoxo reside justamente em que essa aceitação de algumas arbitrariedades abre as comportas para o descontrole, uma vez que, nessas condições, a própria polícia adquire o poder de julgar seus próprios atos e isso significa também a possibilidade de negociar esse poder. A resposta ilegal da polícia, orientada pelos estereótipos relacionados à imagem criada em torno do comportamento criminoso, não é obviamente um fenômeno isolado. Essa fissura do monopólio da violência, portanto, não é um produto unilateral, no sentido de que os únicos responsáveis sejam apenas os agentes do Estado que extrapolam os estatutos legais e administram sumariamente a justiça.

O apoio mais ou menos generalizado na sociedade brasileira, independentemente de classes sociais e de escolaridade, às soluções de força, à repressão como único instrumento eficaz de combate à criminalidade, demonstra o enorme poder de convencimento dos mitos construídos em torno da idéia de crime e da caracterização do criminoso. É claro que há inúmeros matizes nas visões sobre o crime e a violência praticada pela polícia, como se procurou demonstrar de forma didática e não exaustiva com a construção da tipologia do capítulo 2. No entanto, a clara preferência pelas soluções repressivas, com a ausência ou o quase desaparecimento da preocupação pelas explicações sociais do fenômeno da criminalidade, não deixa de ser revelador de um padrão que se afasta não apenas do monopólio da violência física legítima por parte do Estado, mas também de uma configuração social pacificada.

Sobre a questão da pacificação, vale invocar a contribuição de Norbert Elias, que pode servir de instrumento adicional para a compreensão do caso brasileiro. De acordo com Elias, os povos da Europa ocidental passaram por um processo de refinamento e, aos poucos, tornaram-se menos tolerantes diante da brutalidade, ao mesmo tempo em que o Estado centralizava os meios de violência e retirava dos cidadãos a prerrogativa de recorrer à violência privada. Os dados disponíveis parecem confirmar esse movimento histórico: durante o século XIX e até a Primeira Guerra Mundial, constatou-se um declínio geral da violência urbana na Europa ocidental. Mas o processo civilizatório representa muito mais do que simplesmente o monopólio da violência física legítima. Na verdade, o aumento da diferenciação social e da interdependência estão na base do abandono da busca do prazer instantâneo em troca da estabilidade de relações mais seguras e previsíveis.

Segundo Elias, é da interdependência crescente dos indivíduos que deriva um novo tipo de ordem que se encontra na raiz do processo civilizatório:

> A civilização não é "racional", e tampouco é "irracional", antes se põe e se mantém cegamente em marcha por meio da dinâmica própria de uma rede de relações; por meio de mudanças específicas na forma segundo a qual os homens estão acostumados a viver. [...]. Posto que precisamente em correspondência com o processo civilizador, o jogo cego dos mecanismos de inter-relação vai abrindo pouco a pouco um campo maior de manobras para as intervenções planejadas na rede de inter-relações e nos costumes psíquicos[14].

A rede de inter-relações que se forma no decorrer dos séculos do processo civilizatório parece ter como amálgama a mudança de atitudes e costumes, de modo a tornar relativamente previsíveis as intervenções individuais na rede de relações humanas. Para tanto, a mudança na economia psíquica dos indivíduos representou na verdade a substituição do comportamento errático e variável de acordo com paixões espontâneas pelo autocontrole e por um grau maior de reflexão acerca do resultado das ações individuais. É claro que essa mudança de comportamento ocorre simultaneamente com o crescente monopólio da violência legítima por parte do Estado moderno e a criação de espaços pacificados, isto é, âmbitos que estão normalmente livres da violência. O que Elias sublinha, portanto, é o surgimento de âmbitos sociais em que o autocontrole, a rede de inter-relações e as interdependências, juntamente com o monopólio da violência física, plasmam uma configuração social pacificada e dotada de certa estabilidade.

Na interpretação de Elias, a interdependência entre os indivíduos e a diferenciação social parecem gerar uma suavização paulatina das tensões, as quais poderiam levar a ações violentas e de caráter bélico

---

14. Norbert Elias, *El Proceso de la Civilización*, México, Fondo de Cultura Económica, 1989, p. 451.

caso os meios de violência não estivessem plenamente centralizados. Além disso, uma interdependência mais estreita exige e estimula um autocontrole mais apurado, assim como um superego mais estável e novas formas de comportamento. Nas palavras de Elias, os guerreiros se convertem em cortesãos. Isso não significa dizer que as tensões e mesmo a violência desapareçam por completo, mas apenas que o recurso à violência deixa de ser a alternativa natural e automática. Como recorda o próprio Elias, a propósito, o preço que o indivíduo medieval tinha de pagar por suas oportunidades maiores de prazer imediato era a possibilidade igualmente maior de padecer de um medo onipresente.

O processo civilizatório, entretanto, não implica na superação do medo, e sim em sua menor intensidade, uma vez que as coações externas são em grande parte internalizadas, inculcadas nos indivíduos desde pequenos, moldando o comportamento e criando costumes automáticos de regulação dos instintos e contenção dos afetos. Na verdade, os medos e as coações exteriores assumem a forma de medos interiorizados, visto que, para Elias, qualquer sociedade, para que possa subsistir, depende da regulação dos comportamentos por meio de coações recíprocas que se transformam em algum tipo de medo no espírito do homem. O processo civilizatório poderia ser sintetizado como um mecanismo de coações de interdependência:

> Trata-se [o processo civilizatório] de um mecanismo complexo de coações de interdependência que, ao longo de muitos séculos, produz uma transformação paulatina do comportamento até alcançar nossa pauta atual. Essas coações são as que operam no sentido de seguir modificando os comportamentos para transcender nossa pauta civilizatória. Nossa rede de inter-relações sociais não é definitiva e nem muito menos um ponto culminante de uma civilização, como tampouco o é nossa forma de comportamento, nosso nível de coações, mandato e medos[15].

Essa citação serve para afastar a idéia de uma história teleológica, que possui um sentido previamente determinado. A intenção de Elias parece ter sido a de apontar que a pauta civilizatória de sua sociedade estava longe de haver alcançado um ideal em que as interdependências representassem um equilíbrio de tensões dulcificadas, o que permitiria aos homens considerarem a si mesmos como civilizados. Não obstante, quando se diz que a trama atual de relações não é definitiva, pode-se admitir a possibilidade de regressão nas formas de comportamento consideradas civilizadas pelos padrões até então vigentes. Em outro texto, o próprio Elias reconhece que a manutenção de padrões civilizados de comportamento requer certas condições, como um nível relativamente estável de auto-disciplina. Estas condições "estão ligadas, por sua vez, a estruturas sociais particulares, à preservação de um padrão de vida costumeiro e, especialmente, à pacifica-

15. *Idem*, p. 531.

ção social – a resolução não violenta de conflitos por intermédio do Estado"[16].

No caso brasileiro, a brutalidade policial parece refletir a incapacidade do Estado de resolver pacificamente os conflitos sociais. A representação social do criminoso espelha uma configuração social em que alguns princípios de legitimação da ordem estabelecida surgem do subterrâneo social e afloram de forma independente dos estatutos legais. A formulação de ideais que descrevem a forma correta de comportamento são modificados de acordo com determinadas representações do crime e dos criminosos, legitimando soluções finais e liberando indivíduos do autocontrole que normalmente se exigiria em outras situações. Dessa forma, cria-se uma dicotomia na sociedade em que, ao lado da rede de relações e interdependências, surgem espaços não-pacificados marcados por explosões freqüentes de violência. É como se tivéssemos, no país, dois ou mais sistemas de coações de interdependência, determinando padrões de conduta e comportamento em que o autocontrole e a previsibilidade variam muito, ora se aproximando da pauta civilizatória cristalizada nos estatutos legais que definem direitos e obrigações, ora se afastando irremediavelmente desses mesmos estatutos.

A ausência de autocontrole em determinadas situações parece ter como ponto de partida, no Brasil, a caracterização do potencial criminoso. Se o criminoso é equiparado, no senso comum, à expressão acabada de uma patologia social, não haveria outro remédio para salvar a sociedade da destruição e da decadência moral senão a destruição pura e simples dessa ameaça. O que permite a tentativa de erradicação do mal pela raiz, isto é, a busca da eliminação física do criminoso, é a desconsideração, em determinadas circunstâncias, pelos estatutos legais que garantem a todos, inclusive aos bandidos, certos direitos. Na prática, porém, os bandidos ou os suspeitos – e, em última instância, as categorias sociais identificadas como potenciais criminosos – são excluídos da comunidade de direitos. Ao ser excluídos dessa comunidade, é como se tivessem deixado de pertencer ao espaço civilizado e adentrado a selva em que relações sociais estáveis e caracterizadas pelo autocontrole são raras ou inexistentes. Dessa forma, criam-se fronteiras além das quais a civilização reconhecida deixa de impor seu sistema de coações de interdependência, abrindo caminho para que o medo e a imprevisibilidade prevaleçam na trama de relações sociais.

O senso comum que dá suporte à violência policial ilegal tende, na maioria das vezes, a justificar a brutalidade contra criminosos ou suspeitos com o argumento de que a punição na mesma medida signi-

---

16. Norbert Elias, "Violence and Civilization: the State Monopoly of Physical Violence and its Infringement", em John Keane (ed.), *Civil Society and the State*, New York, Verso, 1988, p. 177.

fica justiça para as vítimas e constitui a melhor maneira de dissuadir outros potenciais bandidos. A polícia deveria ser uma espécie de guardiã da sociedade, como verdadeiro agente da consciência coletiva, uma vez que o respeito às regras do processo penal apenas adiaria ou inviabilizaria de todo a administração da justiça e a resposta rápida demandada pela população. Caberia aos agentes do Estado vigiar a população considerada suspeita para afastar o risco de que a sociedade seja contaminada pelo vírus da imoralidade e do crime. Trata-se de uma concepção que tende a ver os direitos individuais como um estorvo, geralmente identificados como direitos de bandidos. Em última instância, os encontros entre os agentes do Estado e a população considerada perigosa definiriam espaços em que a pacificação apenas engatinha, uma vez que as coações tendem a ser externas, diminuindo a possibilidade de dulcificação das tensões ou de consolidação de costumes automáticos de regulação dos instintos e contenção dos afetos.

No tratamento que diferencia entre categorias hierárquicas de cidadãos, constata-se, em sua origem, a manifestação de crenças e mitos cujo raio de ação vai muito além da instituição policial e dos aparelhos de Estado. As práticas policiais, na verdade, parecem reproduzir e refletir um conjunto de crenças e percepções correntes na sociedade que diferenciam entre categorias de cidadãos, reservando tratamento privilegiado para os estratos superiores e os rigores da ordem para os inferiores. Talvez os anos 90 tenham assistido ao agravamento de uma tendência histórica que, sem ser inelutável, tem sido uma constante desde tempos imemoriais. Talvez se tenha aqui a permanência, para além do horizonte temporal previsto por Sérgio Buarque de Holanda, do "homem cordial":

essa cordialidade, estranha, por um lado, a todo formalismo e convencionalismo social, não abrange, por outro, apenas e obrigatoriamente, sentimentos positivos e de *concórdia*. A inimizade bem pode ser tão *cordial* como a amizade, nisto que uma e outra nascem do *coração*, procedem, assim, da esfera do íntimo, do familiar, do privado. Pertencem, efetivamente, para recorrer a termo consagrado pela moderna sociologia, ao domínio dos "grupos primários", cuja unidade, segundo observa o próprio elaborador do conceito "não é somente harmonia e amor"[17].

A violência policial, que se orienta em função de estereótipos previamente concebidos, insere-se em um contexto de aumento das taxas de crime violento, que pode ser explicado em grande medida pelo fortalecimento das organizações criminosas voltadas para o tráfico de drogas. Esse conjunto de características, aduzidas nos capítulos anteriores como evidências de que temos no Brasil uma sociedade violenta, levaram Alba Zaluar a defender a idéia de que, a partir sobretudo

---

17. Sérgio Buarque de Holanda, *Raízes do Brasil*, Rio de Janeiro, José Olympio, 1988, p. 107, a citação consta da nota de rodapé 157 do livro *Raízes do Brasil*.

da década de 80, se observa um retrocesso no processo civilizatório entre nós. Para a autora, esse retrocesso se expressa sobretudo na incapacidade de se lidar com os conflitos interpessoais no plano simbólico mediante regulações coletivas.

o processo civilizador retrocedeu, tornando preferenciais ou habituais os comportamentos violentos nos conflitos dentro da classe social, da família, da vizinhança. A fragmentação das organizações vicinais e familiares facilitou o domínio dos grupos de traficantes no poder local, que, por sua vez, aprofundou a ruptura dos laços sociais no interior da família e entre as famílias na vizinhança, acentuando o isolamento, a atomização e o individualismo negativo[18].

Alba Zaluar se refere à situação que prevalece nas favelas do Rio de Janeiro, objeto de suas pesquisas. Essa mesma configuração, porém, pode ser encontrada nas periferias de outras grandes cidades brasileiras. Nesse sentido, não parece destituída de sentido a noção de uma configuração social dicotômica para o caso brasileiro em que espaços pacificados se superpõem a espaços conflagrados. Não se trata apenas de espaço no sentido físico, mas de espaços sociais, definidos a partir dos agentes que interagem e dos códigos de conduta utilizados para regular as relações sociais e seus conflitos. Os códigos de conduta civilizados e os estatutos que definem direitos e obrigações possuem grande chance de serem observados em situações nas quais cidadãos de classe média e alta estão envolvidos, ao passo que esses mesmos códigos parecem dar lugar a um *ethos* guerreiro quando indivíduos das classes baixas são transformados em alvos preferenciais da violência, seja a privada, seja aquela perpetrada pelos próprios órgãos de segurança do Estado.

O que se nota no Brasil, portanto, são âmbitos sociais em que o autocontrole cede lugar ao medo como principal motor da ação, a rede de inter-relações e interdependências é fraturada e deixa em grande medida de servir de barreira de contenção à violência privada, e o monopólio da violência física se vê seriamente abalado pelas práticas adotadas pelos agentes do Estado em franca oposição aos estatutos legais vigentes. O resultado é uma configuração social que, tomada em seu conjunto, apresenta uma pacificação, na melhor das hipóteses, parcial e pouco estável. A questão da eficácia do Estado de Direito não é uma função apenas da fraqueza ou da força da organização institucional, mas também da rede de inter-relações e do sistema de coações de interdependência, ou seja, das relações sociais que se manifestam diariamente e que determinam padrões distintos de compor-

18. Alba Zaluar, "Para Dizer que Não Falei de Samba: Os Enigmas da Violência no Brasil", em Lilia Moritz Schwarcs (org.), *História da Vida Privada no Brasil IV: Contrastes da Intimidade Contemporânea*, São Paulo, Companhia das Letras, 1998, pp. 291-292.

tamento. Difícil não enxergar, nas diferenças de padrões de comportamento e de sistemas de coação, a manifestação de relações de subordinação por meio da reprodução de uma desigualdade estrutural. As vantagens da configuração social pacificada e as desvantagens da existência de âmbitos com grau mais baixo de pacificação são, portanto, desigualmente distribuídas entre a população.

A ambigüidade do caso brasileiro reside nessa dicotomia de espaços pacificados ao lado de espaços conflagrados. Enquanto nos primeiros formam-se redes de relações complexas em que as tensões e os conflitos encontram algum tipo de equilíbrio, nos últimos o que prevalece é a não-relação, em que as alternativas são, em sua versão extrema, mais a aniquilação e a repulsão do que algum tipo de interação social regulamentada. Mas dessa ambigüidade fundamental não se deve concluir que o Brasil simplesmente não se encaixa na modernidade. Na verdade, às características da modernidade no que tange ao funcionamento do Estado agregam-se outros elementos contraditórios que, à primeira vista, poderiam ser considerados simplesmente tradicionais ou pré-modernos. Mencionou-se, na seção dedicada ao pensamento weberiano, que o caso brasileiro apresentaria uma mescla de características de diferentes tipos ideais de dominação legítima, particularmente o legal racional, considerado moderno, e variantes de dominação tradicional. A melhor definição, entretanto, deve identificar, na ambivalência do caso brasileiro, além de características modernas e pré-modernas, elementos inerentes à pós-modernidade.

No que tange à brutalidade policial e à criminalidade em geral, foco principal deste estudo, quais os elementos que poderiam ser apontados como indicadores de uma pós-modernidade? Para responder a essa pergunta, faz-se mister, antes de tudo, entender as características assumidas pelo Estado no contexto da pós-modernidade globalizadora. Seriam inúmeros as possibilidades e os âmbitos de definição da pós-modernidade no que tange à política e ao Estado, que vão desde a superação das chamadas grandes narrativas que legitimavam a ciência e a ação política, passando pela pulverização do sujeito político moderno em um sem número de interesses particularistas, e a perda de centralidade do Estado como principal *locus* do poder de organizar a vida coletiva. É esta última característica, combinada com o papel crescente das forças de mercado no contexto de globalização do capitalismo, que possui um impacto fundamental sobre a ampliação da violência como forma de lidar com setores crescentemente excluídos da sociedade de consumo pós-moderna.

Tomando a violência ilegal da polícia, cometida em nome da manutenção da ordem, como ponto de partida, não é difícil perceber que, ao preservar características de tipos de dominação tradicionais – do que é exemplo, entre outros fatores, a ausência da impessoalidade no funcionamento do aparelho burocrático – ao lado de estatutos legais modernos que são operacionais para uma parcela da população, a sociedade brasileira não deixa de sentir as influências de processos típicos da pós-modernidade. Ao contrário do que pode parecer, o retrocesso do processo civilizatório, longe de indicar a simples sobrevivência de características pré-modernas, representa na verdade a imersão na pós-modernidade. A nova estratificação promovida pelo capitalismo em tempos de globalização produz exclusão sistemática e, em última instância, reduz o espaço público, dissolvendo o cidadão em mero consumidor.

Nesse contexto, torna-se tentador atribuir ao indivíduo toda a responsabilidade por fenômenos que são sociais por excelência, como é o caso do aumento das taxas de homicídio e de outros crimes violentos. Ainda que do ponto de vista estritamente penal seja fundamental a individualização da culpabilidade, a extrapolação do raciocínio do direito penal para uma visão mais ampla de sociedade tende a fazer desaparecer de cena a coletividade. Quando se trata de analisar o fenômeno da criminalidade, a sociedade não passaria de uma coleção de indivíduos independentes que tomam decisões de acordo com o modelo do *homo oeconomicus*, buscando incessantemente o máximo de lucro e satisfação com o mínimo de esforço. Dessa forma, perde-se a idéia, tão cara a Durkheim, de que, no caso dos fenômenos sociais, o todo representa algo mais complexo do que a simples soma das partes, de que a sociedade não é uma coleção de indivíduos que agem sem constrangimentos de outra ordem senão seus desejos de lucro. Nesse sentido, vale voltar a Durkheim para buscar algumas categorias que ajudarão a entender melhor a questão da violência e de seu tratamento na sociedade brasileira.

CONCEPÇÃO ORGÂNICA DA SOCIEDADE

Para começar, vale recordar um aspecto do pensamento de Durkheim que talvez seja um tanto chocante para os espíritos maniqueístas e para os que se costumaram a uma rejeição epidérmica à figura do criminoso. Para Durkheim, o crime, apesar de lamentável em si, seria parte indissociável de qualquer sociedade sadia e poderia cumprir um papel importante. O crime é um ato que ofende certos sentimentos coletivos, os quais podem mudar de um tipo social para outro ou mesmo variar dentro de uma sociedade no decorrer de sua evolução histórica. O crime pode ser útil até mesmo como reforço desses sentimentos coletivos. O que daria a um ato o caráter de crime não é sua importância intrínseca, como parece fazer crer o discurso que justifica a violência policial no Brasil, mas a constatação de que tal ação fere a consciência comum. A função do crime resulta clara:

O crime é portanto necessário; ele está ligado às condições fundamentais de toda vida social, mas, por isso mesmo, ele é útil, pois tais condições às quais ele é solidário são em si mesmas indispensáveis à evolução normal da moral e do direito[19].

Diferentemente da interpretação dada por Durkheim, o crime, qualquer que seja sua incidência, é visto pelo senso comum no Brasil como uma patologia. Com certeza a afirmação de Durkheim, segundo a qual uma taxa não exagerada de crime é normal, seria vista com desconfiança também nos dias de hoje. A caracterização do crime e do criminoso que integra o senso comum e que justifica a violência policial e as soluções finais contrasta com a postura do sociólogo de Durkheim, cujo ponto de partida reside justamente em despir-se das pré-noções e das paixões para ver o crime como um fato social dotado de normalidade, uma vez que não existe sociedade que não conheça esse fenômeno.

Ora, mas então se o crime fere a consciência comum ou coletiva não caberia uma punição exemplar, capaz de vingar o mal causado à sociedade e, concomitantemente, dissuadir potenciais criminosos? O senso comum justifica as atrocidades contra os criminosos, reais ou vistos como potenciais, pela suposta necessidade de retribuir na mesma moeda o mal causado. Dito de outro modo, poder-se-ia objetar que não importa que se veja o crime como possuindo uma função benéfica ou de reforço dos laços morais e da consciência coletiva, o fato dele ferir essa consciência, de repugnar a moralidade vigente, justificaria por si só uma resposta à altura do dano causado. A violência policial apareceria assim como o melhor agente dessa suposta consciência coletiva, visto que o sistema judicial normal mostra-se incapaz de dar a resposta reclamada pela população.

Essa interpretação não poderia ser mais antagônica ao caminho seguido por Durkheim. Uma leitura apressada de Durkheim talvez pudesse gerar a impressão de que sua preocupação se resume à busca da ordem social a todo custo. Mas, como chamou a atenção Loïc Wacquant, a questão teórica de Durkheim não é elaborar uma concepção de ordem social, mas identificar as condições e os mecanismos mutáveis da solidariedade na era da modernidade industrial[20]. Durkheim se coloca contra a idéia de que a penalidade teria uma ação preventiva por meio da intimidação e, do mesmo modo, discorda da noção que apresenta a pena como uma compensação ou uma expiação pelo mal moral. O verdadeiro mal causado não é o efeito concreto do crime sobre a vítima, e sim a probabilidade de o delito acabar minan-

---

19. Émile Durkheim, *Les Règles de la Méthode Sociologique*, Paris, Flammarion, 1988, p. 163.
20. Ver Loïc Wacquant, "Durkheim e Bourdieu: A Base Comum e suas Fissuras", em *Novos Estudos Cebrap*, (48): 29-38, jul., 1997, p. 34.

do a fé na autoridade moral da lei. A pena nada mais é do que a manifestação pela qual a lei se afirma. O sofrimento causado pela pena é um mero efeito secundário. O essencial é que a pena, na verdade, apenas constitui um sinal exterior de um sentimento que deve se afirmar perante a falta cometida. É esse sentimento de fé na lei ou na moralidade coletiva que importa, e não o sinal exterior pelo qual ele se exprime, que é a pena. Como punir é reprovar, e como não se pode culpar ou reprovar alguém sem dispensar ao culpado um tratamento adverso, toda reprovação leva a algum sofrimento. Resta claro, em seu livro *L'Éducation Morale*[21], que punir, para Durkheim, não é torturar ou causar grande sofrimento, mas simplesmente afirmar, diante da falta, a regra que essa falta nega. Tudo que ultrapasse esse limite pode gerar efeito contraproducente e, por essa razão, o autor se coloca claramente contra os castigos corporais nas escolas.

A verdadeira função da pena, portanto, é proteger a coesão social, mantendo a vitalidade da consciência coletiva. Para Durkheim, essa função é mais proeminente nas sociedades primitivas, onde prevalece a solidariedade mecânica. Nessas sociedades, a consciência coletiva invadiria todos espaços da vida social, restando pouca ou nenhuma margem para a individualidade. Os membros dessas sociedades são atraídos uns pelos outros em razão das semelhanças, ao passo que nas sociedades mais avançadas, nas quais se observa a divisão do trabalho, a solidariedade que prevalece é a orgânica, ou seja, aquela que advém da diferenciação.

À medida que a solidariedade mecânica vai sendo substituída pela solidariedade orgânica, o direito penal, guardião da consciência coletiva, vai dando lugar ao direito restitutivo ou cooperativo como expressão ou espelho das relações sociais. Enquanto o direito penal, nas sociedades inferiores, pune qualquer diferença que porventura surja e que é logo interpretada como um abalo nas relações sociais que se definem pelo conformismo de cada um ao padrão psíquico do todo, nas sociedades diferenciadas, a consciência coletiva gera sentimentos menos fortes, pois a solidariedade é produzida justamente pelas funções diferenciadas de cada indivíduo.

O direito repressivo gera uma sanção que é sempre um malefício, uma punição. Já o direito cooperativo vem acompanhado de uma sanção restitutiva, isto é, reduz-se a uma simples restauração, como por exemplo as indenizações por perdas e danos. Enquanto o direito penal tem por objetivo afirmar a autoridade da lei à qual todos devem obedecer e se conformar, o direito cooperativo tem por tarefa regular as diferentes funções do corpo social, de maneira que todos órgãos desse

---

21. Émile Durkheim, *L'Éducation Morale*, Paris, Presses Universitaires de France, 1992, p. 140.

corpo, ao exercerem seus respectivos papéis, possam concorrer para a harmonia do todo. A consciência comum, nas sociedades em que a divisão do trabalho e a diferenciação predominam, progride menos que as consciências individuais. Isso não quer dizer, como adverte Durkheim, que a consciência comum esteja ameaçada de desaparecer, mas que "ela consiste cada vez mais em maneiras de pensar e de sentir muito gerais e indeterminadas, que deixam o espaço livre para uma multidão crescente de dissidências individuais"[22].

Mais uma vez é possível traçar um paralelo entre o pensamento de Durkheim e as concepções dominantes acerca do papel da violência policial na sociedade brasileira. À primeira vista, numa leitura descuidada dos escritos de Durkheim, poder-se-ia imaginar aqui pontos de coincidência com noções caras ao senso comum, afinal, são freqüentes no discurso de defesa da violência policial os apelos a uma certa visão mítica de uma sociedade harmoniosa, funcionando como um organismo coerente, dotada de uma ordem e uma coesão a toda prova.

Seguindo esse raciocínio, dir-se-ia que o único erro de Durkheim foi não ter percebido que, a despeito do avanço da divisão do trabalho e da diferenciação produzida nesse contexto, a punição continuaria sendo fundamental para manter a ordem e a harmonia da sociedade. Afinal, sem repressão o que poderia manter a coesão social? A simples solidariedade derivada da divisão do trabalho não seria suficiente, visto que os "elementos perturbadores", aqueles que "optaram" por uma carreira do crime, continuariam gerando insegurança. Caberia assim aos agentes do Estado exercer uma vigilância constante para que a nova sociedade dita liberal, em que o direito penal perde importância e o indivíduo ganha estatura, não se dissolva. No entanto, desempenhar esse papel por meio do vigilantismo da polícia contribui para afirmar uma sociedade que nada tem de liberal nesse sentido, já que a linguagem do direito penal se torna predominante e os indivíduos desaparecem enquanto sujeitos de direitos e são submetidos às classificações e estereótipos que transformam cidadãos em "elementos".

É verdade que a concepção orgânica de sociedade de Durkheim pode ser passível de críticas, mas não pelos motivos presentes no discurso dominante sobre a violência e o papel da polícia. Este último procura minimizar a importância dos direitos individuais em nome de uma cruzada moral em que, na ausência de um Estado forte, os agentes públicos tomam a si a tarefa de cuidar da harmonia social e de sanar os desvios. Ao contrário dessa concepção, Durkheim vê a harmonia e a complementaridade na sociedade industrial como totalmente compatíveis com o desenvolvimento da individualidade. Essa harmonia tal-

22. Émile Durkheim, *Da Divisão do Trabalho Social*, São Paulo, Martins Fontes, 1995, p. 155.

vez não seja bem aquela idealizada pelos defensores da violência policial, já que para Durkheim ela não implica na supressão do indivíduo. Pelo contrário, por meio das associações ocupacionais seria possível algo como uma coordenação moral a ser complementada pela educação nas escolas, ambas convergindo para conferir ao individualismo próprio das sociedades contemporâneas um sentido que está longe da idéia de egoísmo geralmente associada a esse termo.

Com efeito, como lembra Anthony Giddens, o individualismo identificado por Durkheim não apenas era diferente do egoísmo, como também se contrapunha à anomia:

> Esse [individualismo] era, em um aspecto importante, o verdadeiro oposto do egoísmo. Envolvia não a glorificação do auto-interesse, mas a do bem-estar dos outros: era a moralidade da cooperação. Individualismo, ou "culto do indivíduo", estava baseado no sentimento de comiseração pelo sofrimento humano, em um desejo de igualdade e de justiça. [...]. O crescimento do individualismo, portanto, não promovia intrinsecamente a anomia, a decadência da autoridade moral[23].

É claro que Durkheim estava consciente de que o afrouxamento da consciência coletiva poderia levar ao egoísmo, mas para evitar esse caminho seria mister estimular a institucionalização da moralidade. A coerência e a coesão não seriam atingidas pelo vigilantismo de um aparelho repressivo de Estado e muito menos seriam alcançadas em detrimento dos direitos individuais. Dado que cada indivíduo, numa sociedade marcada pela divisão do trabalho, está voltado para um ponto diferente do mundo e, em conseqüência, as consciências individuais diferem entre si, nada restaria que os homens pudessem honrar em comum a não ser o próprio homem. Nasce daí uma religião ou culto ao indivíduo: "E como cada um de nós encarna algo da humanidade, cada consciência individual encerra algo de divino e fica assim marcada por um caráter que a torna sagrada e inviolável para os outros. O individualismo é isto"[24].

Durkheim parecia disposto a aceitar a ordem e a coesão. Assim como os indivíduos teriam obrigações para com o Estado, este teria obrigações para com os indivíduos. São essas obrigações que definem o que Durkheim chama de "moral cívica". A atividade estatal aparece como suporte para os direitos individuais que, aliás, não são inatos, mas construídos socialmente. E o Estado, para ser liberador do indivíduo, deve ter contrapesos, deve ser contido por outras forças coletivas, como pelos grupos secundários que fazem a mediação entre o Estado e os indivíduos. De acordo com Durkheim, o Estado "é um

---

23. Anthony Giddens, "Durkheim's Political Sociology", em *Politics, Sociology and Social Theory*, Stanford, Stanford University Press, 1995, p. 83.

24. Émile Durkheim, *A Ciência Social e a Ação*, Lisboa, Livraria Bertrand, 1975, p. 244.

grupo de funcionários *sui generis*, no seio do qual se elaboram representações e volições que engajam a coletividade"[25]. Nas sociedades avançadas, o Estado constituiria o órgão por excelência da disciplina moral. A autoridade seria reforçada pelo culto ao indivíduo, que uniria todos em torno de um sentimento comum: o da evolução constante dos direitos individuais, dos direitos humanos, diríamos hoje. Durkheim vislumbrava realmente uma evolução constante para os direitos do indivíduo:

> Os direitos individuais estão portanto em evolução; eles progridem incessantemente, e não é possível conferir-lhes um limite que não possa ser ultrapassado. Aquilo que no dia de ontem não passaria de uma espécie de luxo, poderá tornar-se amanhã um direito em sentido estrito. A tarefa que assim incumbe ao Estado é, portanto, ilimitada[26].

Ao que tudo indica, Durkheim manteve uma visão otimista quanto à possibilidade de que a fé no indivíduo e a ampliação de direitos individuais sancionados pelo Estado pudessem fornecer uma base moral sólida para as sociedades altamente diferenciadas. O estudo dos fenômenos sociais, com a conseqüente identificação de seus aspectos patológicos e suas manifestações normais, poderia ser útil aos homens políticos na sua luta por corrigir rumos e estimular o florescimento dessa nova moralidade, fundada no indivíduo e na idéia de desenvolvimento das potencialidades humanas. Um dos temas que dominaram o pensamento de Durkheim foi, em última instância, o da continuidade e coesão dos grupos sociais. A solidariedade, mecânica ou orgânica, traduz essa preocupação com os fatores morais que de certa forma geram no indivíduo a sensação de pertencimento a um todo social, seja na qualidade de um simples agregado a uma horda indiferenciada, seja na condição de um órgão diferenciado de um organismo complexo.

A violência ilegal perpetrada no Brasil por agentes policiais se nutre de um senso comum que certamente não se cinge ao aparelho repressivo, mas perpassa um conjunto mais amplo de atores sociais. Para o estudioso do fenômeno, torna-se crucial identificar a construção e a reprodução de mitos que permitem justificar a violência policial. Nesse sentido, o pensamento de Durkheim constitui poderosa ferramenta de desmistificação, não apenas pela metodologia empregada para estudar os fatos sociais – que longe de serem vistos como naturais ou produtos de características inerentes aos indivíduos, são dotados de coercibilidade derivada do viver em sociedade –, mas também porque o autor lança mão de categorias (crime, punição, harmonia, coesão, solidariedade, direitos individuais) que estão presentes nos discursos e nas visões incorporados na tipologia construída no

---

25. Émile Durkheim, *Leçons de Sociologie*, Paris, Presses Universitaires de France, 1950, p. 61.

26. *Idem*, pp. 82-83.

capítulo 2. Ao conferir a tais categorias um sentido muitas vezes diametralmente oposto ao uso que delas é feito no senso comum, o pensamento de Durkheim amplia horizontes e abre caminho para alternativas às concepções que desprezam os direitos individuais em nome de um ideal autoritário de sociedade una, coesa e harmônica. A utilidade de Durkheim para os propósitos do estudo da violência não deve obnubilar, porém, a percepção de seus limites. No que tange à contribuição de Durkheim, poder-se-ia sublinhar a importância reduzida conferida pelo autor ao conflito, ao mesmo tempo em que se mostra propenso a ver a harmonia do todo como decorrência natural de uma sociedade moralmente sadia. A mudança social e o conflito existem, mas não chegam a ameaçar a continuidade do todo enquanto uma entidade dotada de certa coerência e cimentada pela solidariedade. Se o conflito entre as partes do todo ameaça sua continuidade enquanto tal, estar-se-ia diante de uma manifestação mórbida. A concepção de solidariedade orgânica tende a subestimar o antagonismo de interesses e a violência, material ou simbólica, que pode se inscrever de modo mais ou menos permanente nas relações sociais. Nesse aspecto, o pensamento de Durkheim apresenta seus limites mais evidentes para a análise da violência nos dias de hoje, a qual muitas vezes é expressão de relações sociais autoritárias, refletindo e reproduzindo uma concepção hierárquica de cidadania difusa no meio societário.

Elisa Reis[27] propõe uma abordagem um pouco diferente, mas não incompatível. Historicamente, a consolidação do Estado nacional teria envolvido dois aspectos: a burocratização da autoridade pública e o reconhecimento legal dos direitos básicos dos membros da comunidade política. É a idéia de nação que proveria a reconciliação ideológica entre dominação burocrática e solidariedade social. Nas sociedades em que a nação aparece como um indivíduo coletivo – o que lembra a solidariedade mecânica de Durkheim –, há um favorecimento da autoridade em relação à solidariedade, conferindo ao Estado um papel tutelar sobre a sociedade. Por outro lado, onde predomina a solidariedade sobre a autoridade há espaço para a manifestação de interesses autônomos na sociedade, pois a nação é pensada como uma coleção de indivíduos (semelhante ao papel da solidariedade orgânica em Durkheim). Pode-se dizer, sem temeridade, que a história do Estado nacional brasileiro aproxima-se do primeiro modelo, vale dizer, no Brasil, a autoridade estatal, sobretudo através de seus aparelhos repressivos, sempre foi percebida como a guardiã natural do corpo social.

A incapacidade do Estado em prover de forma ampla certos benefícios públicos – entre eles o direito à vida e à integridade pessoal – e o próprio agravamento das desigualdades sociais são fatores que

---

27. Elisa P. Reis, "O Estado Nacional como Ideologia: O Caso Brasileiro", em *Estudos Históricos*, *1* (2): 187-203, 1988.

minam qualquer veleidade de solidariedade social generalizada. Como demonstrou Elisa Reis[28], um associativismo particularista e muitas vezes restrito ao círculo mais íntimo das relações sociais encontra terreno propício para desenvolver-se. Trata-se de encontrar formas privadas de resolver problemas que por definição seriam públicos. A marginalidade e a exclusão de uma parcela importante da sociedade tornam impossível o sentimento de pertencimento a um todo social, que é o que define a solidariedade social mais generalizada.

De qualquer forma, é interessante observar que o pensamento de Durkheim continua atual em muitos sentidos, desde que seja aplicado com algum grau de criatividade. A sociedade brasileira contemporânea, em tese, teria de caracterizar-se pela prevalência da solidariedade orgânica. No entanto, o que transparece das principais visões sobre a violência brasileira, tal como descritas no capítulo 2, é um desejo de conferir à sociedade as características próprias da solidariedade mecânica, uma vez que as diferenças são menos toleradas e a penalidade se reafirma constantemente – seja pela ação legal, seja pela extrapolação arbitrária das normas. Ao menos quando se trata das áreas consideradas de risco, onde os criminosos encontrariam abrigo, o espaço para a individualidade – no sentido da existência de direitos individuais – é reduzido e pode até desaparecer.

Nesse sentido, o ideal autoritário de uma sociedade desprovida de conflitos, em que a consciência coletiva volta a ter um papel preponderante e o direito penal é o principal fator de unificação das partes ao padrão do todo, constitui um dos pilares de boa parte das visões sobre a forma de lidar com a questão da violência no Brasil. Esse fator ao lado de outros já mencionados neste capítulo – e que podem ser resumidos nas fórmulas da fissura do monopólio da violência física legítima e das vicissitudes da pacificação – garantem obstáculos de monta para a consolidação da igualdade, da democracia e da concepção de poder como agir em conjunto. Essa linha de pensamento será explorada com mais vagar na próxima seção, dedicada à identificação de aspectos do pensamento de Hannah Arendt que podem ser úteis à análise da questão da violência no Brasil.

OBSTÁCULOS AO IDEAL ARENDTIANO DE PODER

A reflexão arendtiana, como já observaram vários estudiosos, não segue um caminho linear, prefere, ao contrário, enveredar por sendas tortuosas. Rejeita, assim, soluções acabadas para os problemas de seu

---

28. Elisa P. Reis, *Banfield's "Amoral Familism" Revisited: Implications of High Inequality Structures for Civil Society*, Bielefeld (Germany), XIII World Congress of the International Sociological Association, July 18-23, 1994.

tempo, afastando qualquer veleidade de oferecer regras gerais com base nas quais subsumir fatos particulares. Nesse sentido, a descrição e a crítica operadas no livro *As Origens do Totalitarismo*[29] devem ser encaradas como o início de uma reflexão sobre os pressupostos do exercício da liberdade na sociedade contemporânea. Ao constituir-se como uma ruptura na tradição política, o fenômeno do totalitarismo demonstrou que o homem pode tornar-se um ser supérfluo, totalmente submetido ao terror e à ideologia totalitária que se desdobra em dedução inflexível de leis naturais ou históricas. O "tudo é possível" do totalitarismo buscou pulverizar nossas categorias políticas e nossos critérios de julgamento moral.

Toda reflexão posterior de Arendt esteve marcada por dois pontos de referência aparentemente contraditórios: a fé nas virtualidades positivas da condição humana e a consciência da possibilidade real – demonstrada pelo totalitarismo – de que os seres humanos venham a ser destituídos de lugar em um mundo comum. A atualidade do pensamento de Hannah Arendt, como aponta Celso Lafer, reside na constatação de que mesmo depois do totalitarismo, e ainda hoje, "continuam a persistir [...] situações sociais, políticas e econômicas que contribuem para tornar os homens supérfluos e sem lugar num mundo comum"[30]. A conjugação dos dois elementos mencionados permite avaliar os perigos presentes nas sociedades contemporâneas sem se deixar levar por um pessimismo sem saída, visto que a natalidade traz consigo a possibilidade infinita de mudança.

É certo que a análise empreendida por Arendt lidou com casos extremos ou situações-limite, mas a própria autora reconheceu na sociedade de massas as condições que ensejaram o totalitarismo. Não parece descabido procurar utilizar a contribuição arendtiana para analisar alguns dos aspectos de sociedades específicas que contribuem, ainda que não no mesmo grau que o totalitarismo, para a exclusão de parcelas importantes da população. Celso Lafer, por exemplo, refere-se aos problemas da pobreza e do desemprego, que jogam um papel central no processo de exclusão. Esta seção, no entanto, pretende fazer um exercício de apropriação do pensamento de Hannah Arendt para lançar luzes sobre outro problema igualmente sério: o do crescente recurso à brutalidade policial como forma de lidar com a criminalidade urbana no Brasil ao longo da década de 90. Parece ser possível seguir alguns caminhos percorridos pela autora a fim de identificar certos obstáculos ao exercício da liberdade no Brasil de hoje.

---

29. Hannah Arendt, *The Origins of Totalitarianism*, New York, Harcourt Brace & Co, 1992, *passim*.
30. Celso Lafer, *A Reconstrução dos Direitos Humanos: Um Diálogo com o Pensamento de Hannah Arendt*, São Paulo, Companhia das Letras, 1988, p. 15.

O ponto de partida será a reflexão de Hannah Arendt a respeito da prática do mal no seio de burocracias e a questão da capacidade de pensar e julgar. Não se trata aqui de transpor automaticamente para um contexto atual, em que se dispõem das chamadas liberdades democráticas, conceitos pensados para situações extremas de totalitarismo e ditadura, mas tão-somente revelar a sobrevivência de aspectos autoritários sob o manto da democracia política. No segundo momento, será resgatada a reflexão arendtiana sobre violência e poder, procurando pensar a violência brasileira e suas conseqüências para uma concepção comunicativa de poder. Em seguida, será necessário voltar às questões do espaço público, da ação e da pluralidade humana, tendo como pano de fundo o estigma imposto aos segmentos sociais que são as vítimas preferenciais da violência policial ilegal.

O Brasil da década de 90, como foi visto no capítulo 1, testemunhou inúmeros casos de massacres, execuções sumárias e torturas em que agentes policiais violam sistematicamente os direitos mais elementares de parcela da população. A justificação da violência ilegal por parte de policiais deriva da idéia de que a criminalidade é um tumor maligno, que necessita ser extirpado, ainda que a intervenção seja drástica e traumática. Daí para o apoio às soluções finais, sobretudo no contexto do crescimento da insegurança e das taxas de homicídio, é um passo (que tem sido dado com freqüência cada vez maior). Numa apropriação livre do pensamento de Hannah Arendt, poder-se-ia dizer que mesmo gozando do *status* jurídico de cidadão, muitos indivíduos vêem o direito a ter direitos desintegrar-se pela negação cotidiana dos direitos civis básicos, especialmente o direito à vida e o direito a não ser submetido à tortura.

A análise de Hannah Arendt sobre a responsabilidade pessoal sob situações de ditadura é ainda mais eloqüente para o contexto brasileiro, considerado democrático. Se na ditadura o argumento da obediência não pode ser invocado para justificar a prática de crimes, ele parece ainda mais fora de lugar quando tais crimes não resultam de uma política deliberada de Estado. Além disso, Arendt ressalta que as atrocidades cometidas em nome da lei e da obediência cega ao líder não são cometidas por monstros, mas sobretudo por pessoas normais:

> E esses feitos não foram cometidos por criminosos, monstros e sádicos loucos, mas pelos membros mais respeitados da respeitável sociedade que, na maior parte das vezes, nem mesmo acreditavam nas "palavras do Führer", as quais tinham força de lei[31].

Ainda de acordo com Arendt, o que impediu algumas pessoas que viveram sob o regime nazista de aderir aos massacres e outras

---

31. Hannah Arendt, "Personal Responsibility under Dictatorship", em *The Listener*, August 6th, 1964, p. 205.

atrocidades não foi um melhor sistema de valores. Para Arendt, algumas pessoas não estavam dispostas a conviver com um assassino dentro de si. Em outras palavras, os que se recusaram a participar do Holocausto decidiram assim porque mantiveram a capacidade de julgar, que depende do diálogo silencioso do eu comigo mesmo, que desde Sócrates tem sido chamado de pensamento. Os que cometeram crimes, por outro lado, haviam perdido a capacidade de pensar e julgar. Essa mesma incapacidade Arendt constatou em Adolf Eichmann, que, apesar de ter sido responsável por inúmeras mortes durante o nazismo, considerava-se apenas um fiel cumpridor da lei e de seus deveres enquanto funcionário[32].

Não se pode dizer, é claro, que um policial que mata e tortura se considere fiel cumpridor da lei. Mas a burocracia policial socializa seus agentes de maneira análoga a qualquer burocracia moderna. Em geral, o burocrata se sente uma pequena engrenagem numa máquina:

> A razão pela qual homens e mulheres comuns tomam parte no grande mal (*great evil*) reside no fato de que as instituições burocráticas socializam seus membros no sentido de torná-los incapazes de pensar, pelo menos no que concerne ao que é certo ou errado dentro da instituição. [...]. De acordo com minha interpretação de Arendt, a socialização institucional no seio de burocracias transforma indivíduos em partes de engrenagens, isto é, os indivíduos passam a se considerar anônimos[33].

Os maus policiais brasileiros não se consideram fiéis cumpridores da lei, mas agentes de uma certa justiça, que é sumária e arbitrária. A cultura da guerra contra o crime justifica quaisquer meios em nome do fim a ser atingido: a depuração da sociedade. A ausência de pensamento não permite que se veja os criminosos, os suspeitos e os acusados como sujeitos de direito. Entram todos na categoria de bandidos a serem eliminados. Os atos de tortura e as execuções são explicados por intermédio de chavões, tais como a suposta necessidade de usar a força para evitar o mal maior e extirpar o câncer do crime que ameaça a sociedade; a tortura seria o único meio de fazer um bandido falar e pagar pelo crime; as execuções limpam a sociedade de uma escória irrecuperável etc. Ou seja, reproduz-se um discurso, assim como uma cultura, da violência ilegal, que é aceita irrefletidamente em vários escalões do aparelho policial, por operadores do direito (tais como juízes e promotores) e por parcela importante da população.

Na Introdução de seu livro *A Vida do Espírito*, Hannah Arendt revela que seu interesse pelas atividades da *vita contemplativa* se deve em grande parte ao fato de ter assistido ao julgamento de Eichmann. A

---

32. Hannah Arendt, *Eichmann in Jerusalem: A Report on the Banality of Evil*, New York, Penguin Books, 1994, *passim*.
33. Larry May, "Socialization and Institutional Evil", em L. May e J. Kohn (eds.), *Hannah Arendt: Twenty Years Later*, Cambridge, The MIT Press, 1996, p. 89.

autora confessa que o que a deixou aturdida foi a impossibilidade de localizar em níveis mais profundos o mal incontestável dos atos de Eichmann. Os atos eram monstruosos, mas o agente "era bastante comum, banal, e não demoníaco ou monstruoso"[34]. A única característica notória do agente era sua irreflexão, que ficava evidente no uso de clichês e frases feitas e na adesão a códigos de conduta convencionais. Tais expedientes, recorda Arendt, têm a função socialmente reconhecida de nos proteger da realidade, da exigência de pensar. Ora, o mal incontestável de atos como execuções e massacres no Brasil contemporâneo segue um curso semelhante, uma vez que os agentes lançam mão de um código de conduta que os exime da exigência de pensar e julgar, facilitando o trabalho de apertar o gatilho.

Alguns estudiosos da obra de Hannah Arendt, como Richard Bernstein, consideram que a autora nunca deu uma resposta completamente satisfatória sobre a conexão entre a habilidade ou inabilidade de pensar e a prática do mal[35]. De qualquer modo, está claro que Arendt acreditou que a capacidade de distinguir entre o certo e o errado, entre o bem e o mal, pressupõe o exercício das atividades mentais do pensar e do julgar. O pensar tem uma função liberadora sobre o juízo, pois consiste no "dois-em-um" socrático, no diálogo do eu comigo mesmo, que se manifesta através da representação mental dos pontos de vista dos outros, que caracterizam uma "mentalidade alargada". Arendt parte do pensamento de Kant para afirmar um tipo de julgamento que não necessita subsumir os particulares em regras ou princípios gerais. O julgamento de Arendt, que permite distinguir o certo do errado, não é um julgamento determinante, mas reflexionante, pois depende do efeito liberador do pensar e de uma reflexão que deriva a regra do particular. Os particulares podem adquirir validade exemplar, que, para Arendt, pode ser comparada aos conceitos das ciências políticas ou históricas:

> A maior parte dos conceitos nas ciências políticas e históricas possui essa natureza restrita; eles têm sua origem em algum incidente histórico particular e procedemos de modo a torná-los "exemplares" – de modo a ver no particular o que é válido para mais de um caso[36].

Embora o pensar e o julgar necessitem de uma retirada provisória, um voltar-se para o interior, essas atividades não somente dependem do mundo das aparências, que é o mundo real para Arendt (ser = apa-

---

34. Hannah Arendt, *A Vida do Espírito*, Rio de Janeiro, Relume Dumará, 1995, p. 6.
35. Richard J. Bernstein, "The Banality of Evil 'Reconsidered'", em C. Calhouni e J. McGoewan (eds.), *Hannah Arendt & the Meaning of Politics*, Minneapolis, University of Minnesota Press, 1997, *passim*.
36. Hannah Arendt, *Lições sobre a Filosofia Política de Kant*, Rio de Janeiro, Relume Dumará, 1994, pp. 83 e 84.

rência), como também repercutem sobre ele. Dependem desse mundo porque o *sensus communis* kantiano, que orienta a mentalidade alargada, está baseado na possibilidade de uma intersubjetividade, a qual se liga aos pontos de vista alheios, encontráveis no mundo das aparências e representados mentalmente através da imaginação. O pensar, por outro lado, nada mais é do que se desligar momentaneamente do mundo das aparências para chegar a uma conclusão sobre o sentido das coisas. A própria atividade do julgar, definida como a faculdade de combinar misteriosamente o particular e o geral, repercute de modo decisivo no mundo das aparências, visto que da habilidade de julgar pode depender a decisão de não tomar parte em atrocidades mesmo em momentos de colapso moral da sociedade.

A reflexão de Hannah Arendt sobre a questão do mal e da ausência de pensamento não está desligada da preocupação com os fenômenos do poder e da violência. No caso do Brasil, a ausência de pensamento que parece caracterizar as ações de execução sumária e torturas vem acompanhada de uma concepção de poder que se fundamenta no exercício da violência. Com efeito, é tentador ver no exercício da violência policial uma forma de manifestação de poder, ainda que não democrático, posto que a violência, nesse caso, é aquela praticada ao arrepio da lei e dos princípios de direitos humanos. Conforme já foi mencionado, independentemente da posição adotada, a favor ou contra as atrocidades cometidas em nome da purificação da sociedade, o fato é que a violência é sempre vista como meio de assegurar o poder, seja o poder que emerge de uma suposta comunidade homogênea e ordeira – numa concepção autoritária de sociedade –, seja o poder de uns poucos sobre a grande maioria.

A inovação de Arendt – totalmente congruente com sua reflexão sobre a intersubjetividade que está envolvida nas atividades de pensar e julgar – reside numa concepção comunicativa do poder, para usar a expressão de Habermas. O poder seria resultado de homens agindo em conjunto:

> O *poder* corresponde à habilidade humana não apenas para agir, mas para agir em concerto. O poder nunca é propriedade de um indivíduo; pertence a um grupo e permanece em existência apenas na medida em que o grupo conserva-se unido[37].

Arendt se coloca contra a tradição de considerar a violência como manifestação mais flagrante de poder, rejeitando a concepção weberiana do Estado como o governo de homens sobre homens baseado na violência legítima. Para Arendt, apenas o poder pode ser legítimo, uma vez que depende do apoio popular, o mesmo apoio que confere

---

37. Hannah Arendt, *Sobre a Violência*, Rio de Janeiro, Relume Dumará, 1994, p. 36.

poder às instituições de um país. A violência pode, no máximo, ser justificada, mas nunca é legítima[38]. A violência é apenas um instrumento, enquanto o poder é um fim em si mesmo. Arendt reconhece que, em determinadas situações, a violência pode ser utilizada pelo poder como um último recurso contra rebeldes ou criminosos que se recusam a aderir ao consenso majoritário, mas, mesmo nessas situações, a violência não deixa de ser um mero meio para atingir um fim, jamais podendo substituir o poder. Em momentos de desagregação do poder, resta mais evidente o perigo inerente ao uso da violência, que reside na possibilidade do meio não levar ao fim pretendido:

> A violência, sendo instrumental por natureza, é racional à medida que é eficaz em alcançar o fim que deve justificá-la. E posto que, quando agimos, nunca sabemos com certeza quais serão as conseqüências eventuais do que estamos fazendo, a violência só pode permanecer racional se almeja objetivos de curto prazo. [...] o perigo da violência [...] sempre será o de que os meios se sobrepõem ao fim. Se os objetivos não são alcançados rapidamente, o resultado será não apenas a derrota, mas a introdução da prática da violência na totalidade do corpo político[39].

A violência aparece como uma tentação crescente para aqueles que se consideram os detentores de posições de mando à medida que o poder se esvai e as instituições perdem legitimidade. Se o poder tende a ser substituído pela violência, o meio acaba prevalecendo sobre o fim, minando as condições para a ação conjunta e ampliando o hiato entre dominantes e dominados, ou governantes e governados. Nesse processo, o comando dado por aqueles que detêm os meios de violência visa a obediência, mas a verdadeira autoridade não pode derivar da violência, e sim do reconhecimento espontâneo daqueles que obedecem.

A violência policial praticada ilegalmente no Brasil tem o objetivo declarado de enquadrar os recalcitrantes, aqueles que não aderem aos códigos e leis da maioria. Na prática, a violência é perpetrada por agentes que transcendem os limites impostos pela lei e pela maioria dos governantes eleitos, ou seja, adquirem uma autonomia e passam a extrapolar sua missão legal para administrar uma determinada concepção de justiça. Quando se desce o olhar para os níveis estadual e municipal, porém, encontram-se com maior facilidade exemplos de autoridades eleitas que estimulam a violência ilegal de policiais. Tal violência é praticada em nome da manutenção das condições de sobrevivência da comunidade que, em última instância, seria fonte de todo o poder. O poder da sociedade e de suas instituições, para os que

---

38. Segundo Hannah Arendt, o poder deriva sua legitimidade do ato inicial da comunidade de reunir-se para agir em conjunto, e não de alguma ação posterior. A legitimidade, quando ameaçada, faz um apelo ao passado, enquanto a justificação, que caracteriza a violência, refere-se a um objetivo que se encontra no futuro.

39. Hannah Arendt, *Sobre a Violência*, pp. 57 e 58.

praticam ou estimulam a violência policial, dependeria assim da eficácia dos processos de aniquilação e eliminação física dos criminosos.

O grande problema é que os meios de violência adquiriram uma dinâmica própria, tornaram-se mais importantes do que o fim de manutenção do poder a que alegadamente serviriam. A violência policial foge ao controle até mesmo dos governantes que a toleram e estimulam, além de atingir, indiscriminadamente, criminosos e não-criminosos. O pré-requisito para ser alvo desse tipo de violência é apenas ostentar a condição de pertencente a categorias como pobre, favelado, negro e outros estereótipos do gênero. A dimensão de controle social aparece curiosamente de forma difusa, dificultando o trabalho de identificação da fonte da discriminação contra aqueles que se tornam as vítimas preferenciais da violência policial ilegal. Nos marcos do pensamento arendtiano, dir-se-ia que a manutenção das condições para o exercício do poder da comunidade já não pode justificar a violência policial no Brasil, uma vez que a própria forma de manifestação desse tipo de violência assumiu um caráter de fim em si mesmo. Para Hannah Arendt, a ineficiência da polícia e o crescimento da brutalidade policial eram fenômenos que com freqüência andavam juntos, sendo que o segundo denotava perda evidente de poder por parte da polícia. Na nota de rodapé 75 de seu livro *Sobre a Violência*, a autora comenta o seguinte:

> Seria interessante saber, em que medida, a taxa alarmante de crimes não resolvidos é igualada não apenas pelo conhecido e espetacular crescimento das agressões criminosas, mas também por um aumento definido na brutalidade policial. [...]. Quaisquer que sejam as causas para o declínio espetacular da eficiência da polícia, o declínio do poder da polícia é evidente, e com ele, aumenta a probabilidade da brutalidade[40].

Se a violência aparece quando o poder está em perigo, não seria temerário inferir que no Brasil o poder, tal como concebido por Arendt, está longe de enraizar-se. O agir conjunto, que é a essência do conceito de poder arendtiano, seria impossível numa situação em que grande parte da população ocupa um lugar inferior e é encarada como classe perigosa, a ser permanentemente vigiada e controlada. Apesar da crítica de Habermas, segundo a qual a política não pode ser idêntica à *praxis* daqueles que conversam entre si a fim de agirem em comum – pois há uma série de fatores estruturais, como a ideologia, que bloqueiam os processos comunicativos[41], é inegável que no caso brasileiro a violência policial contribui decisivamente para alimentar a alienação de parcela da população de uma suposta comunidade de direitos.

Independentemente da crítica que se possa fazer a Arendt em virtude do apego ao modelo da Antigüidade clássica, especialmente gre-

---

40. *Idem*, pp. 75 e 76.
41. Jürgen Habermas, "O Conceito de Poder de Hannah Arendt", em Barbara Freitag e Sérgio Paulo Rouanet (orgs.), *Habermas*, São Paulo, Ática, 1980, *passim*.

ga, é a crença na possibilidade de gozar dos benefícios gerados pela *polis* que impede que a ordem social seja mantida pela coerção pura e simples. O desrespeito aos direitos civis básicos por parte de agentes estatais que deveriam garanti-los priva indivíduos da capacidade de agir na arena pública e de tomar parte ativamente nos assuntos da comunidade. Em suma, ao reduzir determinadas camadas da população a uma espécie de cidadania de segunda classe, a violência policial, conjugada com a extrema desigualdade econômico-social, acarretaria o fechamento *de facto* do espaço público para esses setores, contribuindo para que as instituições estatais percam legitimidade e sejam encaradas com desconfiança, indiferença ou franco desprezo pelos excluídos.

O agir conjunto da concepção comunicativa de poder de Hannah Arendt depende de um espaço público, que é a esfera por excelência da política. É nessa esfera que a ação, na qualidade de iniciativa, pode desenvolver-se como única atividade, que é exercida diretamente entre os homens sem a mediação das coisas e da matéria. É nesse espaço, através da ação, que os homens se diferenciam. A pluralidade, enquanto condição da ação humana, consiste no "fato de sermos todos os mesmos, isto é, humanos, sem que ninguém seja exatamente igual a qualquer pessoa que tenha existido, exista ou venha a existir."[42] O poder brota dessa interação entre seres humanos, sempre que eles se reúnem na modalidade do discurso e da ação. Por meio de palavras e de atos os homens se inserem no mundo e conseguem transcender sua mortalidade, ao deixar impresso no mundo feitos que, ao serem relembrados, adquirem durabilidade.

> Se a ação, como início, corresponde ao fato do nascimento, se é a efetivação da condição humana da natalidade, o discurso corresponde ao fato da distinção e é a efetivação da condição humana da pluralidade, isto é, do viver como ser distinto e singular entre os iguais[43].

Os seres humanos vêm ao mundo carregando a semente da transformação, mas só conseguem mostrar quem são através da ação em um espaço público, onde poderão ser julgados pelos seus pares. Fechar o espaço público corresponde a suprimir a política e aniquilar a liberdade, posto que, como recorda Celso Lafer, política e liberdade só aparecem quando existe um espaço público que enseja, pela liberdade de participação na coisa pública, o diálogo no plural que permite a palavra viva e a ação vivida[44].

42. Hannah Arendt, *A Condição Humana*, Rio de Janeiro, Forense Universitária, 1989, p. 16.
43. *Idem*, p. 191.
44. Celso Lafer, *Hannah Arendt: Pensamento, Persuasão, Poder*, Rio de Janeiro, Paz e Terra, 1979, *passim*.

Mas há algumas dificuldades para a manutenção do espaço público que emanam da própria atividade da ação. A ação, por dar-se entre seres humanos, desencadeia processos que são ao mesmo tempo irreversíveis e imprevisíveis. A única solução para a irreversibilidade, que é a impossibilidade de se desfazer o que foi feito, consiste na faculdade de perdoar. Quanto à imprevisibilidade, ou seja, a incerteza em relação ao futuro, a solução vislumbrada por Arendt está na faculdade de prometer e cumprir promessas. O espaço público, como lugar por excelência da política, depende também dessas duas faculdades e de um conjunto de acordos básicos que favorece o cumprimento de promessas e o exercício do perdão.

Todos os negócios políticos são e sempre foram transacionados dentro de um minucioso arcabouço de laços e obrigações para o futuro – como leis e constituições, tratados e alianças –, derivando todos, em última instância, da faculdade de prometer e manter a promessa face às incertezas intrínsecas do futuro[45].

A originalidade de Hannah Arendt em introduzir a questão do perdão talvez seja ainda maior que sua referência às promessas. Na teoria política, não seria difícil equiparar as promessas mencionadas por Arendt à idéia de contrato social de Rousseau, embora a autora rejeite qualquer idéia de vontade geral. A faculdade de perdoar, entretanto, aparentemente não possui um equivalente na teoria política clássica. O que ambas faculdades possuem em comum é o fato de não poderem existir sem o espaço público e a pluralidade. Vale dizer que "na solidão e no isolamento, o perdão e a promessa não chegam a ter realidade: são, no máximo, um papel que a pessoa encena para si mesma"[46]. Num movimento circular, o que Arendt parece afirmar, ainda que não explicitamente, é que o perdão e a promessa, por um lado, e o espaço público, por outro, são interdependentes, um pólo não podendo subsistir sem o outro.

Retomando a questão da violência no Brasil, o que resulta das violações de direitos humanos de setores da população brasileira senão a negação mais evidente da possibilidade da ação? A eliminação física de pessoas, inocentes ou não, nega diariamente a própria categoria de natalidade, contradizendo a afirmação de que os homens não nascem para morrer, mas para começar. No Brasil urbano da década de 90, um número crescente de episódios de massacres e de outras violações levam o observador inspirado nos escritos de Hannah Arendt a reconhecer que, dependendo do lugar ocupado na estratificação social, o homem nasce para morrer. Se não morre pela violência, passará de qualquer forma pelo mundo sem ter a possibilidade de tomar parte

45. Hannah Arendt, *Entre o Passado e o Futuro*, São Paulo, Perspectiva, 1972, p. 212.
46. Hannah Arendt, *A Condição Humana*, p. 249.

ativamente dos negócios públicos, passará "em branco", e não lhe será oferecido um espaço onde possa "fazer diferença" e revelar sua singularidade.

Com efeito, os rigores da ordem não são iguais para todos, como já apontaram inúmeros estudiosos da violência no Brasil. Diferentemente da violência política do regime militar, que afetou principalmente ativistas políticos oriundos da classe média, o desrespeito aos direitos civis no Brasil de hoje é primordialmente levado a cabo contra grupos marginalizados e indivíduos que ocupam lugares inferiores na hierarquia social e econômica vigente no país. Em função da inexistência de um regime autoritário, muitos acreditam que o espaço público está assegurado. Mas a lógica que produz ordem social no Brasil parece reservar a legalidade para as pessoas ditas civilizadas e ordem para os que são considerados marginais, pertencentes às classes perigosas. Desse modo, o espaço público é restrito, não alcança o conjunto da cidadania.

Seria errado, porém, acreditar que o espaço público, mesmo para os poucos que participam das decisões, não está ameaçado. O incremento do uso da violência é apenas sintoma de um poder que encontra dificuldades de obter legitimidade. A horda de deserdados, mantida numa espécie de apatia política, seja pela necessidade de sobrevivência[47], seja pelo terror que a criminalidade impõe ou o medo que a brutalidade policial provoca, evidencia que um regime formalmente democrático pode conviver com altos níveis de isolamento e atomização. Essa situação pode perdurar, visto que os avanços tecnológicos dos implementos da violência permitem manter posições de mando mesmo em situações de baixa legitimidade.

Nesse contexto, o exemplo da *polis* grega, tão cara a Hannah Arendt, se não nos serve de modelo, pode ao menos servir de inspiração para procurar conferir ao conjunto dos cidadãos a possibilidade de aparecerem na cena pública, vestirem a *persona* e participarem, através de atos e palavras, da vida pública. O fim da brutalidade policial seria um começo, um pequeno passo em direção à consagração da política entre nós, ou seja, política como manutenção de um espaço público onde os seres humanos possam instaurar o reino da liberdade como uma realidade mundana, "tangível em palavras que podemos escutar, em feitos que podem ser vistos e em eventos que são comentados, relembrados e transformados em estórias antes de se incorporarem por fim ao grande livro da história humana."[48]

---

47. Hannah Arendt considera que uma das condições para dedicar-se à esfera pública é ter resolvido as necessidades básicas de manutenção individual.
48. Hannah Arendt, *Entre o Passado e o Futuro*, p. 201.

A transformação das relações sociais e das concepções de senso comum que favoreçam a brutalidade policial poderia ser um começo, um passo em direção à consagração da política e a ampliação do espaço público. A manutenção do padrão de relações sociais atualmente vigentes significaria a perpetuação de uma democracia restrita, a reprodução da exclusão de importante parcela da população da comunidade política e da possibilidade de exercer na prática o direito a ter direitos que deveria caracterizar a cidadania contemporânea. No caso brasileiro, o trabalho policial e o apetite por soluções supostamente mágicas para combater o crime (entre elas, as prometidas por programas como Tolerância Zero) parece refletir a incapacidade do Estado de resolver pacificamente os conflitos sociais.

Violência, Individualismo e Contexto Social: À Guisa de Conclusão

> *Nossas pesquisas, de nós, sociólogos, não são absolutamente cheias [...] nem de postulados nem de petições de princípios. Não possuem outro axioma além deste: não esquecer nunca que o homem pensa em comum com os outros, em sociedade. Têm apenas um objetivo: determinar a parte do social no pensamento.*
>
> MARCEL MAUSS

O fato de o Brasil ter testemunhado, na década de 90, um incremento significativo dos fenômenos da violência criminal e da brutalidade policial, apesar da transição democrática e do restabelecimento das liberdades individuais e da realização de eleições periódicas no país, demonstrou a dificuldade de superação de práticas autoritárias. O exame dessa questão evidenciou que as práticas autoritárias incorporadas tanto no aparelho de Estado quanto no seio da sociedade não foram eliminadas automaticamente com o fim dos aspectos formais da ditadura no nível da chamada grande política. As expectativas criadas em torno do advento da democracia política, especialmente no que tange ao comportamento das agências repressivas em seus contatos diários com a população mais desfavorecida, foram em grande parte frustradas, sobretudo para os que acreditavam que a inauguração do regime político democrático representaria o início de uma nova era de respeito aos direitos humanos.

Além disso, o aumento das taxas de homicídio e de outros crimes ampliou a sensação de insegurança, preparando o terreno para a utilização da força e da coerção, tanto legal quanto ilegal, como resposta principal – e muitas vezes única – ao problema da criminalidade. Procurou-se evidenciar, ao longo da análise, a condensação de argumentos e pontos de vista correntes na sociedade brasileira sobre o problema da violência e o papel das polícias nesse contexto. Desse modo, foi possível verificar que tais discursos e visões, ao descrever o problema e prescrever soluções, têm girado, *grosso modo*, em torno da fé em receitas milagrosas e simplificadoras: seja aceitando a brutalidade policial e as violações de direitos humanos como ferramentas legítimas, seja advogando, como único e suficiente remédio, reformas institucionais da polícia e de todo o sistema de justiça criminal. Entre esses dois extremos há uma infinidade de variantes, mas todas possuem em comum afinidades com o programa Tolerância Zero, implementado na cidade de Nova York e exportado para vários países como uma verdadeira panacéia para os problemas da manutenção da lei e da ordem em distintos contextos políticos, econômicos e sociais.

A criação de uma tipologia sobre as visões sobre como lidar com a questão da violência e da criminalidade representou uma tentativa de sintetizar em um instrumento didático o que muitas vezes se encontra disperso e desorganizado no mundo real. O exame do programa Tolerância Zero serviu, em primeiro lugar, para avaliar seus componentes e principais resultados, de modo a desmistificar a aura de eficiência e neutralidade que tem conseguido ostentar nos últimos anos. Por ser relativamente complexo e possuir vários elementos baseados em uma aparência de cientificidade, o Tolerância Zero se presta a ser apropriado e reinterpretado por diferentes discursos e visões de como lidar com a segurança pública. O esforço de desmistificação do programa Tolerância Zero passou pela reflexão sobre seu significado real por trás da imagem de moderno e avançado que seus arautos procuram vender ao mundo.

A Tolerância Zero, conforme se procurou ressaltar, é a expressão, no campo da gestão policial e da segurança pública, de um contexto em que prevalece a descrença na reabilitação dos criminosos, na busca das causas sociais do crime, na transformação de estruturas sociais, na superação da exclusão produzida e reproduzida diariamente nas relações sociais. Essa descrença múltipla está relacionada à produção e reprodução da chamada privatização da responsabilidade pela situação de exclusão, não mais atribuída às falhas e deficiências da sociedade, mas explicadas pela culpabilização dos miseráveis e excluídos. O novo darwinismo social que prevalece remete ao indivíduo, moralmente doente e celerado, a responsabilidade pelos males sociais. Por essa razão, faria sentido substituir as instituições do Estado de bem-estar pelo fortalecimento da capacidade de vigiar e neutralizar a população de risco, classificada a partir de estereótipos sobre as categorias sociais mais propensas a escolher a vida criminosa.

Ao analisar o programa Tolerância Zero para encontrar as razões de sua recepção entusiasmada em muitos círculos no Brasil, procurou-se também fazer o caminho inverso e levantar a hipótese de que o próprio êxito nos EUA pode estar ligado a uma espécie de "brasilianização" do contexto social naquele país. A desigualdade e exclusão social nos EUA, embora não possam se comparar às brasileiras, são muito mais profundas do que em outros países centrais e parecem agravar-se progressivamente. Seguindo essa linha de raciocínio, o Brasil, com sua exclusão sistemática e histórica de grande parte da população dos benefícios gerados pela *polis*, forneceria condições ideais para a implantação das distintas variantes do programa Tolerância Zero.

O individualismo exacerbado que dá suporte ao Tolerância Zero encontra, assim, ambiente extremamente acolhedor no Brasil. Como a retórica, mais ou menos explícita, da guerra contra o crime e as classes consideradas naturalmente criminosas propiciada pelo programa Tolerância Zero já vinha sendo aplicada no Brasil, a adoção no todo ou em parte desse programa serve sobretudo para conferir um aspecto modernizante e inovador a antigas e arraigadas práticas, entre eles, a licença informal conferida às forças policiais para agirem em conflito com a lei. Independentemente das diferenças de pontos de vista dos que se entusiasmam com a experiência nova-yorkina, os pressupostos conservadores do Tolerância Zero não são facilmente alterados. Por mais que se queira separar as inovações tecnológicas introduzidas pelo programa dos elementos obviamente regressivos, como a brutalidade contra negros e imigrantes, o fato é que a recepção favorável no Brasil tem-se dado de modo acrítico, quase como uma desculpa para mudar a aparência das políticas de segurança sem mudar sua essência.

Uma das preocupações centrais no decorrer da análise foi apontar a fragilidade das respostas como a Tolerância Zero. Nesse sentido, a ênfase que muitos analistas dão às reformas institucionais da polícia e do Judiciário pode levar facilmente a equívocos, como o de pensar que os problemas estarão resolvidos se se mudar o desenho institucional da polícia e redefinir atribuições, aparelhar melhor as instituições de justiça penal, investir na formação e no treinamento dos recursos humanos e implementar controles rígidos para determinar resultados de acordo com um planejamento estratégico previamente elaborado. Ninguém em sã consciência refuta a necessidade de implementar reformas desse tipo, mas o fato é que as tentativas para levar adiante essas inovações ou não conseguiram ser implementadas ou, quando chegaram a mudar na superfície as práticas vigentes, não deitaram raízes, tendo sido facilmente colocadas de lado quando as condições políticas mudaram.

Dessa forma, como mencionado na introdução, perde-se de vista que as reformas institucionais podem facilitar a superação da insegurança e das violações aos direitos humanos, mas dificilmente serão sustentáveis sem a superação de uma miríade de entraves à consecução da igualdade e da democracia nos nível das relações sociais. Nesse ponto sobressai a força e a persistência no Brasil de uma estrutura social hierárquica, onde a igualdade formal encontra dificuldades de concretizar-se na prática em função da aplicação casuística da lei e do tratamento diferenciado dispensado a distintas categorias de cidadãos. Pode-se dizer que em outros países é assim também, o que não deixa de ser correto em grande medida. Mas, ao que parece, o Brasil consegue dar mostras de ser um dos campeões da desigualdade no mundo contemporâneo.

Quais seriam as conseqüências do tratamento diferenciado obtido pelos cidadãos para a formação de uma comunidade política em que o poder possa ser gerado do agir conjunto, como imaginava Hannah Arendt? Foi para responder a essa pergunta e, por meio dela, ter acesso a uma melhor compreensão do caso brasileiro que se buscou efetuar uma breve incursão no pensamento sociológico clássico. Note-se que cada autor escolhido correspondeu a um movimento previamente realizado em capítulos anteriores. As categorias de Weber corresponderam ao primeiro movimento, relacionado à preocupação com a reforma das instituições e a forma de legitimação da dominação entre nós. As fissuras no monopólio da violência física legítima são uma forma de descrever o comportamento pouco apegado aos estatutos legais que tendem a prevalecer nos encontros entre o aparelho de Estado e os pobres, negros e favelados do Brasil.

O segundo movimento, que se refere à persistência de práticas violentas a despeito de reformas institucionais, beneficiou-se das categorias de Elias e suas análises sobre o processo civilizatório e a pacificação. A contribuição de Elias permitiu que se recordasse que a eficácia dos estatutos que definem direitos e obrigações, formando as bases da democracia e do Estado de Direito, não é produto apenas do tipo de organização institucional, mas também da rede de inter-relações e do sistema de coações de interdependência, os quais podem configurar espaços mais ou menos pacificados, dependendo do território e dos agentes sociais envolvidos na relação.

Ao invocar Durkheim, por sua vez, buscou-se agregar aos dois movimentos prévios um terceiro capaz de iluminar um traço essencial da formação social brasileira, também encontrada em outros países: a entronização do individualismo absoluto em praticamente todas esferas da vida social. Ao menos no caso brasileiro, é difícil não relacionar as fissuras no monopólio da violência e a coexistência de espaços sociais pacificados e conflagrados ao individualismo exacerbado que perpassa as relações interpessoais e as práticas dos agentes do Estado. As categorias de Durkheim sobre a pena, a consciência coletiva, o individualismo não egoísta e as solidariedades mecânica e orgânica permitiram lançar luzes sobre a distância que separa o Brasil de uma sociedade mais igualitária e menos excludente, nos moldes da que pareceria ser a descrição durkheimiana das sociedades avançadas. A exposição do pensamento de Durkheim também ajudou a contrastar a concepção do autor a respeito das sociedades mais evoluídas, em que prevaleceria a solidariedade orgânica, com o papel central que os principais discursos sobre violência e sobre a polícia reservam ao raciocínio típico do direito penal.

O caso brasileiro contém uma ambivalência fundamental que o estudo do pensamento de Durkheim permite trazer à baila. O individualismo apresenta duas faces que se complementam, mas que à primeira vista pareceriam contraditórios. De um lado, a concepção do indivíduo atomizado serve para justificar o darwinismo social, a sobrevivência dos mais adaptados à convivência em sociedade. Essa concepção permite remeter a uma suposta essência individual a explicação de fenômenos sociais, tais como a criminalidade. Por outro lado, o individualismo parece se contradizer quando se advoga a conformação das partes a um padrão único, o que somente seria possível pela linguagem do direito penal, da força e da punição. Nessa última versão, encaram-se a polícia e o sistema judiciário como ferramentas de controle tendo por objetivo fundar na marra uma solidariedade mecânica em que o indivíduo virtualmente desaparece. É como se a crença no indivíduo diferente, que também serve para justificar os casos de sucesso individual, somente pudesse subsistir se se fizer acompanhar do projeto de suprimir a individualidade – e conseqüentemente os direitos que a acompanham no Estado liberal democrático – dos que se mostram, pelo seu fracasso, indignos da convivência social.

O pensamento arendtiano aparece como um ideal sustentado por uma visão individualista generosa que contrasta com o contexto brasileiro. Por essa razão, analisar o caso brasileiro contra o pano-de-fundo do pensamento de Hannah Arendt significa investigar os gargalos que impedem a realização das promessas que acompanham a democracia e seus estatutos legais supostamente garantidores da dignidade humana. Se a tradição liberal se divide em duas vertentes, uma que privilegia a liberdade e outra que prefere enfatizar a igualdade, o pensamento de Arendt fornece uma síntese dessas tradições. Com efeito, a medida da igualdade para a autora é assegurar a todos o direito a ter direitos que permite aos indivíduos dar sua contribuição e não passar em branco pelo mundo. A idéia de diferença contida na categoria de natalidade e a afirmação da igualdade de condições que a liberdade assegura para participar no espaço público não são irreconciliáveis.

Ao contrário, essa convivência é essencial para que as diferenças não sejam anuladas artificialmente, mas antes concorram para a formação de um poder que se baseia na igualdade de participação nos assuntos que digam respeito ao conjunto da comunidade.

A conclusão mais óbvia a que se pode chegar depois de estudar o pensamento de Hannah Arendt é que, no Brasil, a concepção do poder como agir em conjunto é um ideal ainda distante de realizar-se minimamente. Tanto o padrão de violência interpessoal quanto o de violência ilegal perpetrada pela polícia parecem dar razão aos que interpretam o poder como sinônimo de força e imposição. Em Arendt, a violência não pode ser o pilar de sustentação do poder. No entanto, na ausência do agir em conjunto tal como definido pela autora, a concepção de poder que tem prevalecido é a que se fundamenta no exercício da violência.

Podemos, enfim, considerar a violência como um dispositivo de poder, uma prática disciplinar que produz um dano social, atuando sobre espaços abertos, a qual se instaura com uma justificativa racional, desde a prescrição de estigmas até a exclusão, efetiva e simbólica. [...]. A violência seria a relação social caracterizada pelo uso real ou virtual da coerção, que impede o reconhecimento do outro – pessoa, classe, gênero, raça – mediante o uso da força ou da coerção, provocando algum tipo de dano, configurando o oposto das possibilidades da sociedade democrática contemporânea[1].

Não se trata de julgar quem está certo ou errado, mas de notar que o pensamento filosófico de Arendt parece traduzir um projeto, enquanto a análise sobre a violência brasileira é eminentemente sociológica e procura levantar os dilemas teóricos e práticos que afastam a realidade brasileira daquele projeto. A escolha de uma autora mais conhecida por sua contribuição filosófica do que por um esforço analítico propriamente sociológico não foi fortuita. Julgou-se que dessa maneira seria possível sugerir, ainda que de forma provisória e somente indicativa, a necessidade de escapar à perspectiva de tomar como excludentes as alternativas de fazer análise sociológica ou de esboçar categorias que poderiam ser identificadas com algum projeto normativo, ou seja, com a definição de objetivos a serem alcançados pela ação consciente orientada por postulados de dever-ser.

O filósofo Bertrand Russell costumava dizer, não sem uma ponta de ironia, que a economia se ocupa das escolhas que os indivíduos podem fazer, enquanto a sociologia trata de desvendar as razões pelas quais os indivíduos não têm qualquer escolha. Esse enunciado sintetiza um dos dilemas clássicos das ciências sociais, ou seja, o de saber avaliar em que medida somos livres para tomar decisões ou simplesmente reproduzimos, muitas vezes inconscientemente, estruturas que

---

1. José Vicente Tavares dos Santos, "A Violência como Dispositivo de Excesso de Poder", em *Sociedade e Estado*, X (2): 281-298, jul./dez., 1995, p. 291.

condicionam o comportamento. Sem ter a pretensão de superar tão insigne dilema, que certamente continuará emprestando alento ao caleidoscópio das infindáveis controvérsias sociológicas, buscou-se simplesmente dar uma contribuição para refletir sobre significado da violência brasileira, com suas características de reprodução das hierarquias sociais, a partir do que de revelador contém a recepção extremamente positiva do programa Tolerância Zero no Brasil.

Isso não equivale a endossar uma perspectiva puramente determinista e fatalista da história, como se as relações hierárquicas que predominam na sociedade brasileira fossem um traço imutável, ontológico dessa sociedade. Tampouco se pretendeu minimizar as dificuldades para a realização do ideal arendtiano de poder por mais bem intencionados que sejam alguns projetos de reforma das instituições encarregadas de manter a lei e a ordem. Na verdade, a intenção principal foi utilizar o projeto arendtiano, que, de certa forma, é uma boa tradução filosófica de uma tradição liberal democrática que consagra os direitos humanos, para demonstrar alguns obstáculos importantes e não negligenciáveis às promessas que acompanham as Constituições de corte democrático, inclusive a brasileira. No ato de colocar, lado a lado, as promessas da democracia e as frustrações, gera-se um ímpeto natural de buscar soluções, de refutar no todo ou em parte os discursos e as visões representados na tipologia criada no capítulo 2, especialmente as versões mais obviamente contrárias à idéia de igualdade e de direitos humanos.

Cabe assinalar com todas as letras que a preocupação com a superação da exclusão perpassa toda a linha de argumentação e se reflete na análise dos obstáculos à realização do ideal arendtiano de poder. A busca dos caminhos para remover tais obstáculos certamente escapariam aos limites deste livro, mas parece fundamental que passem pela democratização do acesso aos capitais político, social, econômico e cultural. Essa democratização parece ser condição para que reformas institucionais e novas políticas de segurança propostas não funcionem somente para uns poucos e não reproduzam a co-existência de uma cidadania real e uma de segunda classe.

Não é preciso alcançar a sociedade perfeita para que esse objetivo comece a ser realizado, basta que se avance progressivamente nesse sentido. Para tanto, o primeiro passo é romper com a visão de mundo que, ao desqualificar o discurso das mudanças qualitativas nas relações sociais como utopia irrealista – desprovido que estaria de senso prático, tende a transformar-se numa profecia autocumprida. E o segundo é ressaltar a responsabilidade coletiva pela exclusão de classe e pela produção da violência. Talvez com esses passos seja possível não apenas começar uma reforma para valer dos aparelhos repressivos e de controle social, mas também ensejar ações mais efetivas e integradas do Estado nas áreas de saúde, emprego, renda, lazer, cultura e educação. Em outras palavras, trata-se de colocar em marcha uma dinâmica social de combate à exclusão em todas as esferas da atividade humana, de modo a conferir à democracia um substrato concreto.

As reformas indispensáveis devem ser mais do que uma decisão de cima para baixo, precisam ser efetuadas com a participação da maioria, cuja organização ativa será fundamental para democratizar o poder no cotidiano de seus contatos com o Estado e com os incluídos. Nesse sentido, qualquer paternalismo seria contraproducente. Mesmo em sociedades que possuem alto grau de exclusão, como nos EUA, o fato das minorias serem menos vitimadas pela violência do que no Brasil guarda uma relação direta com sua capacidade organizativa, com as redes de proteção que apenas os próprios interessados e suas comunidades podem impor em suas relações com o Estado.

Além disso, as reformas democratizadoras, capazes de gerar verdadeira segurança para a população e livrá-las tanto do terror da polícia quanto daquele imposto pela ditadura do crime organizado (esse cenário se aplica hoje sobretudo aos morros do Rio de Janeiro), devem evitar o reducionismo e a simplificação das receitas salvadoras. Na maior parte das vezes, como no caso da Tolerância Zero, as supostas panacéias são sucesso de venda e de público, mas seus efeitos ou são comparáveis ao placebo, ou seja, são apenas psicológicos, ou são francamente nocivos por dar nova embalagem a remédios que tendem a agravar a situação.

Tem razão Luiz Eduardo Soares, que, em artigo na revista *Veja*[2], alertou para as explicações reducionistas em voga que procuram identificar uma causa específica para a violência urbana. As campeãs seriam falta de polícia na rua, pobreza, desigualdade, falta de vontade política. A seu ver, há uma diversidade de práticas criminosas associadas a dinâmicas sociais muito diferentes, por isso não é possível identificar causa única para o universo heterogêneo da criminalidade. Poder-se-ia acrescentar que o indivíduo celerado, moralmente doente e degenerado, é a figura que com mais freqüência aparece nas explicações sobre o aumento da criminalidade. De qualquer forma, mesmo as explicações sociais para a criminalidade têm sido reducionistas, uma vez que em geral iluminam apenas um aspecto de uma realidade que é necessariamente multifacetada.

A quem defende "mais polícia" é necessário perguntar: que polícia? A eficiência que se espera do policial depende de um planejamento adequado e diagnósticos precisos que somente uma reforma profunda será capaz de produzir. Aos que ressaltam a pobreza, deve-

---

2. Luiz Eduardo Soares, "Para Fugir à Armadilha da Simplificação", em *Veja*, edição 1736, 30/01/2002.

se lembrar que as regiões mais pobres não são necessariamente as mais violentas. Na verdade, a explosão da violência é mais evidente nas grandes cidades, nos aglomerados urbanos. Essa seria uma suposta evidência de que a desigualdade econômica seria a verdadeira e única causa dos males, mas se sabe que sociedades mais desiguais em termos de renda que a brasileira possuem índices de criminalidade freqüentemente inferiores. A explicação da falta de vontade política, por sua vez, é conveniente para quem espera uma solução carismática, que seria fornecida pela capacidade extraordinária de um líder político, mas é pouco efetiva além do campo da retórica. Por essa razão a vontade política, assim como fatores como desigualdade, pobreza e práticas policiais precisam ser vistos no contexto urbano da sociedade de consumo, da destruição dos laços comunitários pelo tráfico de drogas, da ausência de canais institucionais para solução de conflitos, da socialização em uma cultura que valoriza determinados objetos de consumo como símbolo de distinção social e poder, e da reprodução cotidiana de relações sociais autoritárias entre os agentes do Estado e a população-alvo da vigilância.

Não era intenção abarcar neste trabalho todas as explicações possíveis para o fenômeno da violência, mas simplesmente pôr em relevo, na discussão sobre a violência no Brasil e sobre as principais visões do papel da polícia, os obstáculos mais graves à consolidação da democracia e da igualdade consubstanciadas no ideal arendtiano de poder. Nesse sentido, o balanço aqui realizado levou à identificação de um individualismo nocivo como elemento organizador e agregador de um conjunto de crenças e mitos que hoje se agrupam sob o guarda-chuva do que, na falta de palavra melhor, se convencionou chamar neoliberalismo. A conseqüência mais visível da influência do individualismo que invade, de forma ostensiva ou tácita, o pensamento social, a mídia, a política e vários outros domínios é a absolvição antecipada e quase automática da sociedade e da coletividade pelos males que afligem a humanidade, entre eles o da criminalidade.

Nesse particular, o estudo de Zygmunt Bauman sobre o Holocausto pode ser inspiradora para analisar também outras situações, talvez mais corriqueiras e não tão excepcionais, mas não menos vinculados ao contexto social em que afloram e se manifestam.

Nas palavras do autor:

> O Holocausto nasceu e foi executado na nossa sociedade moderna e racional, em nosso alto estágio de civilização e no auge do desenvolvimento cultural humano, e por essa razão é um problema dessa sociedade, dessa civilização e cultura [...].
> A implicação de que os que perpetraram o Holocausto foram uma ferida ou uma doença de nossa civilização – e não seu horrendo mas legítimo produto – resulta não apenas no conforto moral da auto-absolvição, mas também na terrível ameaça do desarmamento moral e político. [...]. Uma vez que a atribuição de culpa for considerada equi-

valente à identificação das causas, a inocência e sanidade do modo de vida de que tanto nos orgulhamos não precisam ser colocados em dúvida[3].

O autor se insurge, na mesma linha de Hannah Arendt, contra a consideração do Holocausto como uma doença da civilização. Na verdade, seria um produto de uma sociedade racional, considerada avançada e no auge de seu desenvolvimento cultural. A atribuição da culpa aos nazistas, ao ser considerada equivalente à identificação da causa do Holocausto, absolve o contexto social que permitiu a emergência do fenômeno. Dessa forma, o modo de vida que prevalece na sociedade segue livre de questionamentos. Mecanismo análogo funciona no que diz respeito à exclusão cotidiana da população considerada desajustada e com dificuldades de inserir-se na sociedade de consumo. A culpabilização dos indivíduos pelos seu próprio malogro equivale à identificação da causa do fracasso empiricamente constatado.

No campo penal, contudo, a atribuição de culpa é ainda menos questionada, uma vez que o raciocínio do direito penal está baseado na apuração de responsabilidades individuais e na chamada individualização da pena. A identificação de culpados ou, em casos extremos, até mesmo de suspeitos é extrapolada para a consideração dessa identificação como sinônimo de descoberta da causa do fenômeno mais geral da criminalidade. Essa é uma característica das sociedades modernas sob o signo do individualismo exacerbado. Em tais circunstâncias, permitem-se que o modo de vida e as relações sociais produzidas e reproduzidas em sociedade sigam incólumes, como se o fenômeno da criminalidade não passasse de um efeito de decisões puramente individuais. Trata-se de um modo confortável de seguir adiante no "cada um por si" que se traduz na redução progressiva do Estado a suas funções penais e na aplicação crescente do raciocínio próprio ao direito penal para explicar o fenômeno da criminalidade.

Seguindo os passos de Bauman, procurou-se evitar o desarmamento moral e político que acompanha os principais discursos sobre a questão da violência no Brasil. Como antídoto contra esse desarmamento, invocou-se o pensamento de Hannah Arendt, ao lado do pensamento de autores clássicos da sociologia, de modo a utilizar suas categorias para desvendar os elementos sociais que estão na raiz desses discursos e dessas visões sobre a violência. O exame das afinidades entre os diferentes tipos de discursos e visões e os elementos essenciais do Tolerância Zero foram a espinha dorsal dessa empreitada, que, sem lançar-se à busca de explicações totalizantes, esteve animada pelo objetivo de pôr em evidência o fosso cada vez mais profundo

---

3. Zygmunt Bauman, *Modernidade e Holocausto*, Rio de Janeiro, Jorge Zahar Editor, 1998, pp. 12 e 14.

que separa as promessas da democracia política e do Estado de Direito liberal-democrático, de um lado, e a realidade das ruas, de outro.

Ao buscar respostas provisórias e explicações preliminares para alguns dos dilemas da democracia brasileira e para os desafios que se apresentam para realização e consolidação dos direitos humanos, este livro se pautou pelo esforço de não esquecer que o homem pensa em comum com os outros, em sociedade, conforme a definição de Marcel Mauss do que seria o axioma da pesquisa sociológica.

Bibliografia

OBRAS DE REFERÊNCIA

ADORNO, Sérgio. "Discriminação Racial e Justiça Criminal em São Paulo". In: *Novos Estudos Cebrap*, (43):45-63, novembro, 1995.
AMNESTY INTERNATIONAL. *People End Up Dying Here: Torture and Ill-Treatment in Brazil*. London, Amnesty Internacional, 2001 (AI Index: AMR 19/027/2001).
_____. *Além da Desesperança: Um Programa para os Direitos Humanos no Brasil*. Londres, Anistia Internacional, 1994 (AI Index: AMR 19/15/94).
ARENDT, Hannah. *A Vida do Espírito*. Rio de Janeiro, Relume Dumará, 1995.
_____. *Eichmann in Jerusalem: A Report on the Banality of Evil*. New York, Penguin Books, 1994.
_____. *Lições sobre a Filosofia Política de Kant*. Rio de Janeiro, Relume Dumará, 1994.
_____. *Sobre a Violência*. Rio de Janeiro, Relume Dumará, 1994.
_____. *The Origins of Totalitarianism*. New York, Harcourt Brace & Co, 1992.
_____. *A Condição Humana*. Rio de Janeiro, Forense Universitária, 1989.
_____. *Entre o Passado e o Futuro*. São Paulo, Perspectiva, 1972.
_____. "Personal Responsibility under Dictatorship". In: *The Listener*. August 6th, 1964.
BAUMAN, Zygmunt. *Globalização: As Conseqüências Humanas*. Rio de Janeiro, Jorge Zahar Editor, 1999.
_____. *Modernidade e Holocausto*. Rio de Janeiro, Jorge Zahar Editor, 1998.
_____. *O Mal-Estar da Pós-Modernidade*. Rio de Janeiro, Jorge Zahar, 1998.

BECK, Ulrich. *Risk Society: Towards a New Modernity*. London, Sage Publications, 1998.
BERNSTEIN, Richard J. "The Banality of Evil 'Reconsidered'". In: CALHOUN, C. e McGOWAN, J. (eds.). *Hannah Arendt & the Meaning of Politics*. Minneapolis, University of Minnesota Press, 1997.
BIGO, Didier. "Identifier, catégoriser et contrôler: police et logique proactives". In: BONELLI, Laurent e SAINATI, Gilles. *La machine à punir: pratiques et discourse sécuritaires*. Paris, l'Esprit Frappeur, 2000, pp. 53-85.
BOURDIEU, Pierre. *Contre-feux*. Paris, Liber Raisons d'Agir, 1998.
_____. "Introdução a uma Sociologia Reflexiva". In: *O Poder Simbólico*. Rio de Janeiro, Bertrand Brasil, 1998.
_____. *Raisons Pratiques*. Paris, Seuil, 1994.
_____. "Espace Social et Pouvoir Symbolique". In: *Choses Dites*. Paris, Les Editions de Minuit, 1987, pp. 147-166.
_____. *Ce que parler veut dire*. Paris, Fayard, 1982.
BRASIL. *Primeiro Relatório Relativo à Implementação da Convenção contra a Tortura e Outros Tratamentos ou Penas Cruéis, Desumanos ou Degradantes no Brasil*. Brasília, Ministério da Justiça, 2000.
BRATTON, William. "The Legacy of Detective Sipowics". In: *Time*, 06/03/2000.
_____. "Crime is Down in New York City: Blame the Police". In: DENNIS, Norman (ed.). *Zero Tolerance: Policing a Free Society*. London, Institute of Economic Affairs, 1998.
_____. *Turnaround: How America's Top Cop Reversed the Crime Epidemic*. New York, Random House, 1998.
BRETAS, Marcos Luiz e PONCIONI, Paula. "A Cultura Policial e o Policial Civil Carioca". In: PANDOLFI, Dulci Chaves *et allii* (orgs.). *Cidadania, Justiça e Violência*. Rio de Janeiro, FGV Editora, 1999, pp. 149-163.
BRETAS, Marcos Luiz. *Ordem na Cidade: O Exercício Cotidiano da Autoridade Policial no Rio de Janeiro (1907-1930)*. Rio de Janeiro, Rocco, 1997.
BRICEÑO-LEÓN, Roberto; CARNEIRO, Leandro Piquet; CRUZ, José Miguel. "O Apoio dos Cidadãos à Ação Extrajudicial da Polícia no Brasil, em El Salvador e na Venezuela". In: PANDOLFI, Dulce Chave *et allii* (orgs.). *Cidadania, Justiça e Violência*. Rio de Janeiro, FGV Editora, 1999, pp. 117-127.
BUTTERFIELD, Fox. "Cities Reduce Crime and Conflict without New York-Style Hardball". In: *The New York Times*, 04/03/2000, pp. A-1 e B-4.
CALDEIRA, Teresa P. R. "Crime and Individual Rights: Reframing the Question of Violence in Latin America". In: JELIN, Elizabeth and HERSHBERG, Eric (eds.). *Constructing Democracy: Human Rights, Citizenship and Society in Latin America*. Boulder, Westview, 1996.
_____. *City of Walls: Crime, Segregation and Citizenship in São Paulo*. University of California at Berkeley, PhD Dissertation, 1992. Mimeo.
CANO, Ignacio e SANTOS, Nilton. *Violência Letal, Renda e Desigualdade Social no Brasil*. Rio de Janeiro, 7 Letras, 2001.
CANO, Ignacio. *Letalidade da Ação Policial no Rio de Janeiro*. Rio de Janeiro, ISER, 1997.
CARDIA, Nancy. "Direitos Humanos e Exclusão Moral". In: *Sociedade e Estado*, X(2): 343-389, jul./dez., 1995.

CHESNAIS, Jean-Claude. *Histoire de la Violence*. Paris, Editions Robert Laffont, 1981.
CHEVIGNY, Paul. *Edge of the Knife*. New York, The New Press, 1995.
COELHO, Edmundo Campos. "Sobre Sociólogos, Pobreza e Crime". In: *Dados*, 23(3): 377-383, 1980.
COLLIER, David (org.). *O Novo Autoritarismo na América Latina*. Rio de Janeiro, Paz e Terra, 1982.
COMISSÃO INTERAMERICANA DE DIREITOS HUMANOS. *Relatório sobre a Situação dos Direitos Humanos no Brasil*. Washington, OEA/CIDH, 1997 (OEA/SER.L/V/II.97, Doc. 29 rev. 1).
COMISSÃO JUSTIÇA E PAZ DA ARQUIDIOCESE DE SÃO PAULO. *Brasil Nunca Mais*. Petrópolis, Vozes, 1985.
COMMISSION ON HUMAN RIGHTS. *Report of the Special Rapporteur, Sir Nigel Rodley, Submitted Pursuant to Commission on Human Rights Resolution 2000/43, Addendum Visit to Brazil*. March, 2001 (Doc. E/CN.4/2001/66/Add.2).
CURRIE, Elliot. *Crime and Punishment in America*. New York, First Owl, 1998.
DE GIORGI, Alessandro. *Zero Tolleranza: strategie e Pratiche della Società di Controllo*. Roma, DeriveApprodi, 2000.
DENNIS, Norman. "Editor's Introduction". In: DENNIS, Norman (ed.). *Zero Tolerance: Policing a Free Society*. London, Institute of Economic Affairs, 1998.
DURKHEIM, Émile. *Da Divisão do Trabalho Social*. São Paulo, Martins Fontes, 1995.
_____. *L'Éducation Morale*. Paris, Presses Universitaires de France, 1992.
_____. *Les Règles de la Méthode Sociologique*. Paris, Flammarion, 1988.
_____. *A Ciência Social e a Ação*. Lisboa, Livraria Bertrand, 1975.
_____. *Leçons de Sociologie*. Paris, Presses Universitaires de France, 1950.
ELIAS, Norbert. *El Proceso de la Civilización*. México, Fondo de Cultura Económica, 1989.
_____. "Violence and Civilization: The State Monopoly of Physical Violence and its Infringement". In: KEANE, John (ed.). *Civil Society and the State*. New York, Verso, 1988.
ESCÓSSIA, Fernanda da. "PMs Matam o Triplo do que Ferem". *Folha de São Paulo*, 03/04/1997, pp. 3-6.
FAORO, Raymundo. *Os Donos do Poder*. 7ª ed. Rio de Janeiro, Globo, 1987.
FAUSTO NETO, Ana Maria Quiroga. "Violência e Dominação: As Favelas Voltam à Cena". In: *Sociedade e Estado*, X (2): 417-438, jul./dez., 1995.
FOUCAULT, Michel. *Resumo dos Cursos do Collège de France (1970-1982)*. Rio de Janeiro, Jorge Zahar Editor, 1997.
_____. *Vigiar e Punir*. 15ª ed. Petrópolis, Vozes, 1997.
GARLAND, David. *The Culture of Control: Crime and Social Order in Contemporary Society*. Chicago, University of Chicago Press, 2001.
GIDDENS, Anthony. "Durkheim's Political Sociology". In: GIDDENS, Anthony. *Politics, Sociology and Social Theory*. Stanford, Stanford University Press, 1995, pp. 74-115.
HABERMAS, Jürgen. "O Conceito de Poder de Hannah Arendt". In: FREITAG, Barbara e ROUANET, Sérgio Paulo (orgs.). *Habermas*. São Paulo, Ática, 1980.

HARCOURT, Bernard E. *Illusion of Order: The False Promise of Broken Windows Policing*. Cambridge, Harvard University Press, 2001.

HOLANDA, Sérgio Buarque de. *Raízes do Brasil*. Rio de Janeiro, José Olympio Editora, 1988.

HOLSTON, James e CALDEIRA, Teresa. "Democracy, Law and Violence: Disjunctions of Brazilian Citizenship". In: AGÜERO, Felipe e STARK, Jeffrey (eds.). *Fault Lines of Democracy in Post-Transition Latin America*. Miami, North-South Center Press, 1998, pp. 263-296.

HUMAN RIGHTS WATCH. *Behind Bars in Brazil*. New York, Human Rights Watch, 1998.

_____. *Brutalidade Policial Urbana no Brasil*. New York, Human Rights Watch, 1997.

_____. *Final Justice: Police and Death Squad Homicides of Adolescents in Brazil*. New York, Human Rights Watch, 1994.

KANT DE LIMA, Roberto. *A Polícia da Cidade do Rio de Janeiro: Seus Dilemas e Paradoxos*. Rio de Janeiro, Forense, 1995.

KARAM, Maria Lúcia. "A Esquerda Punitiva". In: *Revista Discursos Sediciosos*, 1(1): 79-92, 1996.

KELLING, George L. e COLES, Catherine M. *Fixing Broken Windows: Restoring Order and Reducing Crime in our Communities*. New York, Touchstone, 1997.

KLINENBERG, Eric. "L'Obsession Sécuritaire: patrouilles conviviales à Chicago". *Le Monde Diplomatique*, (563): 18-19, Février, 2001.

LAFER, Celso. *A Reconstrução dos Direitos Humanos: Um Diálogo com o Pensamento de Hannah Arendt*. São Paulo, Companhia das Letras, 1988.

_____. *Hannah Arendt: Pensamento, Persuasão, Poder*. Rio de Janeiro, Paz e Terra, 1979.

LIMA JR., Jayme Benvenuto (org.). *Execuções Sumárias, Arbitrárias ou Extrajudiciais: Uma Aproximação da Realidade Brasileira*. Recife, Centro de Justiça Global, 2001.

LOUBET DEL BAYLE, Jean-Louis. *La police: approche socio-politique*. Paris, Montchrestien, 1992.

MARSHALL, T. H. *Cidadania, Classe Social e Status*. Rio de Janeiro, Zahar, 1967.

MAUER, Marc. *Race to Incarcerate*. New York, The New Press, 1999.

MAY, Larry. "Socialization and Institutional Evil". In: MAY, L. e KOHN, J. (eds.). *Hannah Arendt: Twenty Years Later*. Cambridge, The MIT Press, 1996, pp. 83-105.

MELOSSI, Dario. "Changing Representations of the Criminal". In: GARLAND, David e SPARKS, Richard. *Criminology and Social Theory*. New York, Oxford University Press, 2000.

MESQUITA NETO, Paulo. "Violência Policial no Brasil: Abordagens Teóricas e Práticas de Controle". In: PANDOLFI, Dulci Chaves *et allii* (orgs.). *Cidadania, Justiça e Violência*. Rio de Janeiro, FGV Editora, 1999.

MICHAUD, Yves. *A Violência*. São Paulo, Ática, 1989.

MINGUARDI, Guaracy. *Tiras, Gansos e Trutas: Cotidiano e Reforma na Polícia Civil*. São Paulo, Scritta, 1992.

O'DONNELL, Guillermo. "Poliarquias e a (In)efetividade da Lei na América Latina". In: *Novos Estudos Cebrap*, (51):37-61, julho, 1998.

_____. "Sobre o Estado, a Democratização e Alguns Problemas Conceituais". In: *Novos Estudos Cebrap*, (36): 123-145, julho, 1993.

_____. *Análise do Autoritarismo Burocrático*. Rio de Janeiro, Paz e Terra, 1990.

_____. *Contrapontos: Autoritarismo e Democratização*. São Paulo, Vértice, 1986.

PAIXÃO, Antônio Luiz e BEATO, Cláudio. "Crimes, Vítimas e Policiais". In: *Tempo Social*, 9 (1): 233-48, maio, 1997.

PAIXÃO, Antônio Luiz. "Crime, Controle Social e Consolidação da Democracia: As Metáforas da Cidadania". In: REIS, Fábio Wanderley e O'DONNELL, Guillermo (orgs.). *A Democracia no Brasil: Dilemas e Perspectivas*. São Paulo, Vértice, 1988.

PARENTI, Christian. *Lockdown America: Police and Prisons in the Age of Crisis*. New York, Verso, 1999.

PERALVA, Angelina. *Violência e Democracia: O Paradoxo Brasileiro*. São Paulo, Paz e Terra, 2000.

PIERUCCI, Antônio Flávio. *Ciladas da Diferença*. São Paulo, Editora 34, 1999.

PINHEIRO, Paulo Sérgio. "Popular Responses to State-Sponsored Violence in Brazil". In: CHALMERS, Douglas *et al*. (eds.). *The New Politics of Inequality in Latin America*. Oxford, Oxford University Press, 1997.

_____. "O Passado Não Está Morto: Nem Passado é Ainda". In: DIMENSTEIN, Gilberto. *Democracia em Pedaços: Direitos Humanos no Brasil*. São Paulo, Companhia das Letras, 1996.

_____. "Autoritarismo e Transição". *Revista da USP*, (9):45-56, mar./abr./maio, 1991.

PRZEWORSKI, Adam. *Capitalismo e Social-Democracia*. São Paulo, Companhia das Letras, 1989.

REIS, Elisa P. *Banfield's "Amoral Familism" Revisited: Implications of High Inequality Structures for Civil Society*. Bielefeld (Germany), XIII World Congress of the International Sociological Association, July 18-23, 1994.

_____. "O Estado Nacional como Ideologia: O Caso Brasileiro". *Estudos Históricos*, 1 (2): 187-203, 1988.

RIMBERT, Pierre. "Les Managers de l'Insécurité: production et circulation d'un discours sécuritaire". In: BONELLI, Laurent e SAINATI, Gilles. *La Machine à Punir: pratiques et discours sécuritaires*. Paris, L'Esprit Frappeur, 2000.

RINALDI, Alessandra de Andrade. "Marginais, Delinqüentes e Vítimas: Um Estudo sobre a Representação da Categoria Favelado no Tribunal do Júri da Cidade do Rio de Janeiro". In: ZALUAR, Alba e ALVITO, Marcos (orgs.). *Um Século de Favela*. Rio de Janeiro, FGV Editora, 1998, pp. 299-322.

RONDELLI, Elizabeth. "Imagens da Violência: Práticas Discursivas". In: *Tempo Social*, 10 (2): 145-157, outubro, 1998.

SANTOS, José Vicente Tavares dos. "A Violência como Dispositivo de Excesso de Poder". In: *Sociedade e Estado*, X (2): 281-298, jul./dez., 1995.

SCHWARZ, Roberto. "As Idéias Fora do Lugar". In: *Ao Vencedor as Batatas*. São Paulo, Editora 34, 2000.

SOARES, Luiz Eduardo. "Para Fugir à Armadilha da Simplificação". In: *Veja*. Edição 1736, 30/01/2002.

_____. *Meu Casaco de General: Quinhentos Dias no Front da Segurança Pública do Rio de Janeiro*. São Paulo, Companhia das Letras, 2000.

_____. "Uma Interpretação do Brasil para Contextualizar a Violência". In: PEREIRA, Carlos Alberto Messeder *et alii* (orgs.). *Linguagens da Violência*. Rio de Janeiro, Rocco, 2000, pp. 23-46.
TAYLOR, Ralph B. *Breaking Away from Broken Windows*. Boulder, Westview Press, 2001.
UNITED NATIONS. *A Compilation of International Instruments* – Volume I (First Part). New York, UN Publications, 1994.
VELHO, Gilberto. "Violência, Reciprocidade e Desigualdade: Uma Perspectiva Antropológica". In: VELHO, Gilberto e ALVITO, Marcos (orgs.). *Cidadania e Violência*. Rio de Janeiro, Editora UFRJ/Editora FGV, 1996.
VILAS, Carlos. "Participation, Inequality and the Whereabouts of Democracy". In: CHALMERS, Douglas *et allii* (eds.). *The New Politics of Inequality in Latin America*. Oxford, Oxford University Press, 1997.
WACQUANT, Loïc. "As Estratégias para Cortar os Custos do Encarceramento em Massa nos Estados Unidos". In: *Novos Estudos Cebrap*, (64): 53-60, Novembro, 2002.
_____. *As Prisões da Miséria*. Rio de Janeiro, Jorge Zahar, 2001.
_____. "L'Ascension de l'état pénal en Amérique". *Actes de la Recherche en Sciences Sociales*, (124):7-26, Septembre, 1998.
_____. "Durkheim e Bourdieu: A Base Comum e suas Fissuras". In: *Novos Estudos Cebrap*, (48): 29-38, jul., 1997.
WAISELFISZ, Jacobo. *Mapa da Violência III: Juventude, Violência e Cidadania*. Brasília, UNESCO, Instituto Ayrton Senna, Ministério da Justiça, 2002.
WEBER, Max. *Economia e Sociedade*. Brasília, Editora UnB, 1991.
_____. "A Política como Vocação". In: GERTH, H. H. e MILLS, C. Wright (orgs.). *Max Weber: Ensaios de Sociologia*. Rio de Janeiro, Guanabara, 1982, pp. 97-153.
_____. "Burocracia". In: GERTH, H. H. e MILLS, C. Wright (orgs.). *Max Weber: Ensaios de Sociologia*. Rio de Janeiro, Guanabara, 1982, pp. 229-282.
_____. "Classe, Estamento, Partido". In: GERTH, H. H. e MILLS, C. Wright (orgs.). *Max Weber: Ensaios de Sociologia*. Rio de Janeiro, Guanabara, 1982, pp. 211-228.
WILSON, James Q. e KELLING, George L. "Broken Windows". In: *Atlantic Monthly*. 29-38, March, 1982.
ZALUAR, Alba. "Para Dizer que Não Falei de Samba: Os Enigmas da Violência no Brasil". In: SCHWARCS, Lilia Moritz (org.). *História da Vida Privada no Brasil IV: Contrastes da Intimidade Contemporânea*. São Paulo, Companhia das Letras, 1998.
_____. *Condomínio do Diabo*. Rio de Janeiro, Revan/Editora UFRJ, 1994.
ŽIŽEK, Slavoj. "Direitos Humanos e Ética Perversa". In: *Mais!*, *Folha de São Paulo*, 01/07/01.

OBRAS CONSULTADAS

ADORNO, Sérgio. "Conflitualidade e Violência: Reflexões sobre a Anomia na Contemporaneidade". In: *Tempo Social*, *10* (1): 19-47, maio, 1998.

_____. "A Violência na Sociedade Brasileira: Um Painel Inconcluso em uma Democracia Não Consolidada". In: *Sociedade e Estado*, X (2): 299-342, jul./dez., 1995.

ALVES, José Augusto Lindgren. "The United Nations, Postmodernity, and Human Rights". In: *University of San Francisco Law Review*, 32 (3): 479-532, Spring, 1998.

AMNESTY INTERNATIONAL. *Brazil, Corumbiara and Eldorado de Carajás: Rural Violence, Police Brutality and Impunity*. London, Amnesty International, 1998. (AI Index: AMR 19/01/98).

_____. *Brazil, The Candelaria Trial: A Small Wedge in the Fortress of Impunity*. London, Amnesty Internacional, 1996 (AI Index: AMR 19/20/96).

BAUMAN, Zygmunt. "Social Uses of Law and Order". In: GARLAND, David e SPARKS, Richard (eds.). *Criminology and Social Theory*. New York, Oxford University Press, 2000, pp. 23-45.

_____. *Intimations of Postmodernity*. London, Routledge, 1992.

BAYLEY, David H. *Police for the Future*. New York, Oxford University Press, 1994.

BECKETT, Katherine. *Making Crime Pay: Law and Order in Contemporary American politics*. New York, Oxford University Press, 1997.

BELLI, Benoni. "Violência, Polícia e Direitos Humanos". In: *Revista Brasileira de Ciências Criminais*, 10 (39): 231-240, julho/setembro, 2002.

_____. "Monopólio da Violência e Pacificação no Brasil: Reflexões sobre a Violência Policial". In: *Cidadania e Justiça*, 4 (8): 235-250, 2000.

_____. "Polícia, Tolerância Zero e Exclusão Social". In: *Novos Estudos Cebrap*, (58): 157-171, nov., 2000.

_____. "Violência Policial no Brasil: Elementos para uma Aproximação Teórica a partir dos Pensamentos de Durkheim e Weber". In: *Revista Brasileira de Ciências Criminais*, 7 (27): 295-308, julho/setembro, 1999.

BONELLI, Laurent e SAINATI, Gilles. *La machine à punir: pratiques et discours sécuritaires*. Paris, L'Ésprit Frappeur, 2000.

BONELLI, Laurent. "Des Quartiers en Dangers aux Quartiers Dangereux". In: *Le Monde Diplomatique*, (563): 18-19, Février, 2001.

BOURDIEU, Pierre (org.). *La misère du monde*. Paris, Seuil, 1993.

CALDEIRA, Cesar. "Operação Rio e Cidadania: As Tensões entre o Combate à Criminalidade e a Ordem Jurídica". In: REIS, Elisa; ALMEIDA, Maria Hermínia Tavares de; FRY, Peter (orgs.). *Política e Cultura: Visões do Passado e Perspectivas Contemporâneas*. São Paulo, Hucitec/ANPOCS, 1996, pp. 50-74.

CALDEIRA, Teresa Pires do Rio. "Enclaves Fortificados: A Nova Segregação Urbana". In: *Novos Estudos Cebrap*, (47): 155-76, março, 1997.

CHEVIGNY, Paul. "Definindo o Papel da Polícia na América Latina". In: MÉNDEZ, Juan; O'DONNELL, Guillermo; PINHEIRO, Paulo Sérgio (orgs.). *Democracia, Violência e Injustiça: O Não-Estado de Direito na América Latina*. São Paulo, Paz e Terra, 2000, pp. 65-87.

CHRISTIE, Nils. *Crime Control as Industry*. London, Routledge, 1996.

COELHO, Edmundo Campos. "A Administração da Justiça Criminal no Rio de Janeiro: 1942-1967". In: *Dados*, 29 (1): 61-81, 1986.

COELHO, Maria Francisca Pinheiro. *O Público e o Privado como Categorias Sociológicas: O Paradigma de Hannah Arendt*. Brasília, Departamento de Sociologia da UnB, 1996. (Série Sociológica n. 136).

DAMATTA, Roberto. *A Casa e a Rua: Espaço, Cidadania, Mulher e Morte no Brasil*. Rio de Janeiro, Rocco, 1997.

DAMATTA, Roberto et allii. *Violência Brasileira*. São Paulo, Brasiliense, 1982.

DONZIGER, Steven R. (ed.). *The Real War on Crime*. New York, Harper Collins, 1996.

ELIAS, Norbert e SCOTSON, John L. *Os Estabelecidos e os Outsiders*. Rio de Janeiro, Jorge Zahar Editor, 2000.

GARLAND, David. *Punishment and Modern Society: A Study in Social Theory*. Chicago, The University of Chicago Press, 1990.

GARLAND, David e SPARKS, Richard. "Criminology, Social Theory and the Challenge of Our Times". In: GARLAND, David e SPARKS, Richard (eds.). *Criminology and Social Theory*. New York, Oxford University Press, 2000, pp. 1-22.

GARNIER, Jean-Pierre. *Le nouveau ordre local: gouverner la violence*. Paris, L'Harmattan, 1999.

GEST, Ted. *Crime & Politics: Big Government's Erratic Campaign for Law and Order*. New York, Oxford University Press, 2001.

GIDDENS, Anthony. "A Vida em uma Sociedade Pós-Industrial". In: GIDDENS, Anthony; BECK, Ulrich; LASH, Scott. *Modernização Reflexiva: Política, Tradição e Estética na Ordem Social Moderna*. São Paulo, Editora Unesp, 1997, pp. 73-133.

_____. "Marx, Weber e o Desenvolvimento do Capitalismo". In: GERTZ, René E. (org.). *Max Weber e Karl Marx*. São Paulo, Hucitec, 1997, pp. 120-145.

HALLINAN, Joseph T. *Going up the River: Travels in a Prison Nation*. New York, Random House, 2001.

HUMAN RIGHTS WATCH. *Brazil, Fighting Violence with Violence: Human Rights Abuse and Criminality in Rio de Janeiro*. New York, Human Rights Watch, 1996.

_____. *Urban Violence in Brazil: torture and Police Killings in São Paulo and Rio de Janeiro after Five Years*. New York, Human Rights Watch, 1993.

JELIN, Elizabeth. "Citizenship Revisited: Solidarity, Responsibility and Rights". In: JELIN, Elizabeth and HERSHBERG, Eric (eds.). *Constructing Democracy: Human Rights, Citizenship, and Society in Latin America*. Boulder, Westview Press, 1996, pp. 101-119.

KANT DE LIMA, Roberto. "Acesso ao Saber na Cultura Jurídica do Brasil e dos EUA". In: *Cidadania e Justiça, 6* (1): 113-133, 1999.

_____. "Polícia e Exclusão na Cultura Judiciária". In: *Tempo Social, 9* (1): 169-183, maio, 1997.

_____. "Bureaucratic Rationality in Brazil and in the United States: Criminal Justice Systems in Comparative Perspectives". In: HESS, David J. e DAMATTA, Roberto A. (eds.). *The Brazilian Puzzle: Culture on the Borderlands of the Western World*. New York, Columbia University Press, 1995, pp. 241-269.

LEONARD, Stephen. "Evil, Violence, Thinking, Judgment: Working in the Breach of Politics". In: CALHOUN, Craig and MCGOWAN, John (eds.).

Hannah Arendt and the Meaning of Politics. Minneapolis, University of Minnesota Press, 1997, pp. 323-337.

LYOTARD, Jean François. *La condition postmoderne*. Paris, Les Éditions de Minuit, 1979.

MARTUCCELLI, Danilo. "Reflexões sobre a Violência na Condição Moderna". In: *Tempo Social*, 11 (1): 157-175, maio, 1999.

MÉNDEZ, Juan; O'DONNELL, Guillermo; PINHEIRO, Paulo Sérgio (orgs.). *Democracia, Violência e Injustiça: O Não-Estado de Direito na América Latina*. São Paulo, Paz e Terra, 2000.

OLIVEIRA, Dijaci David de *et allii* (orgs.). *A Cor do Medo*. Brasília, Editora UnB, 1998.

OLIVEIRA, Dijaci David de *et allii* (orgs.). *Violência Policial: Tolerância Zero?*. Goiânia, Editora UFG/MNDH, 2001.

PAIXÃO, Antônio Luiz. "Crime, Controle Social e a Cultural Oficial da Sociologia". In: *Sociedade e Estado*, X (2): 513-521, jul./dez., 1995.

PALIDDA, Salvatore. *Polizia Postmoderna: Etnografia del Nuovo Controllo Sociale*. Milano, Feltrinelli, 2000.

PEREIRA, Carlos Alberto Messeder *et allii* (orgs.). *Linguagens da Violência*. Rio de Janeiro, Rocco, 2000.

PINHEIRO, Paulo Sérgio. "Democratic Governance, Violence, and the (Un)Rule of Law. *Daedalus*, 129 (2): 119-143, Spring, 2000.

PINHEIRO, Paulo Sérgio (org.). *São Paulo sem Medo: Um Diagnóstico da Violência Urbana*. Rio de Janeiro, Garamond, 1998.

PINHEIRO, Paulo Sérgio; IZUMINO, Eduardo; FERNANDES, Maria Cristina. "Violência Fatal: Conflitos Policiais em São Paulo (81-89)". In: *Revista da USP*, (9): 92-112, mar./abr./maio, 1991.

PINTO, Celi Regina Jardim. "O Sujeito Insuficiente: A Dupla Face do Esgotamento do Sujeito Político no Fim do Século XX". In: SANTOS, José Tavares dos (org.). *Violência em Tempo de Globalização*. São Paulo, Hucitec, 1999, pp. 101-117.

RATTON JR., José Luiz de Amorim. *Violência e Crime no Brasil Contemporâneo: Homicídios e Políticas de Segurança Pública nas Décadas de 80 e 90*. Brasília, Cidade Gráfica e Editora, 1996.

RIMBERT, Pierre. "Envahissants Experts de la Tolérance Zéro". In: *Le Monde Diplomatique*, (563): 20-21, Février, 2001.

SANTOS, José Vicente Tavares dos. "Por uma Sociologia da Conflitualidade no Tempo da Globalização". In: SANTOS, José Vicente Tavares dos (org.). *Violência em Tempo de Globalização*. São Paulo, Hucitec, 1999, pp. 11-39.

_____. "A Arma e a Flor: Formação da Organização Policial, Consenso e Violência". In: *Tempo Social*, 9 (1): 155-167, março, 1997.

SILVA, Jorge da. *Violência e Racismo no Rio de Janeiro*. Niterói, Editora Universidade Federal Fluminense, 1998.

SILVA, Luís Antônio Machado da. "Um Problema na Interpretação da Criminalidade Urbana Violenta". In: *Sociedade e Estado*, X (2): 493-511, jul./dez., 1995.

SINGER, Helena. "Direitos Humanos e Volúpia Punitiva". In: *Revista da USP*, (37): 10-19, mar./abr./maio, 1998.

SOARES, Luiz Eduardo (org.). *Violência e Política no Rio de Janeiro*. Rio de Janeiro, ISER/Relume Dumará, 1996.

SOARES, Luiz Eduardo e CARNEIRO, Leandro Piquet. "Os Quatro Nomes da Violência: Um Estudo sobre Éticas Populares e Cultura Política". In: SOARES, Luiz Eduardo (org.). *Violência e Política no Rio de Janeiro*. Rio de Janeiro, ISER/Relume Dumará, 1996, pp. 13-55.

SUÁREZ, Mireya. "O Discurso Policial Comentado". In: SUÁREZ, Mireya e BANDEIRA, Lourdes (orgs.). *Violência, Gênero e Crime no Distrito Federal*. Brasília, Paralelo 15/Editora UnB, 1999, pp. 57-104.

WACQUANT, Loïc. *Parias Urbanos: Marginalidad en la Ciudad a Comienzos del Milenio*. Buenos Aires, Manantial, 2001.

WIEVIORKA, Michel. "O Novo Paradigma da Violência". *Tempo Social, 9* (1): 5-41, maio, 1997.

ZALUAR, Alba. "Crime, Medo e Política". In: ZALUAR, Alba e ALVITO, Marcos (orgs.). *Um Século de Favela*. Rio de Janeiro, FGV Editora, 1998, pp. 209-232.

_____. *A Máquina e a Revolta*: *As Organizações Populares e o Significado da Pobreza*. São Paulo, Brasiliense, 1994.

SOCIOLOGIA NA PERSPECTIVA

do Povo Judeu?
  Georges Friedmann (D006)
...iologia do Esporte
  Georges Magnane (D015)
...re Comunidade
  Martin Buber (D203)
...ritarismo e Eros
  Vilma Figueiredo (D251)
...italismo e Mundialização em Marx
  Alex Fiúza de Mello (D279)
...ologia da Cultura
  Carl Mannheim (E032)
...eração a Geração
  S. N. Eisenstadt (E041)

Ensaios de Sociologia
  Marcel Mauss (E047)
Sociedade Israelense
  S. N. Eisenstadt (E056)
Arte, Privilégio e Distinção
  José Carlos Durand (E108)
Uma Arquitetura da Indiferença
  Annie Dymetman (E188)
Tolerância Zero e Democracia no Brasil
  Benoni Belli (E209)
Lenin: Capitalismo de Estado e Burocracia
  Leôncio M. Rodrigues e
  Ottaviano de Fiore (El016)
O Desencantamento do Mundo
  Pierre Bourdieu (El019)

Impressão e Acabamento
Bartira
Gráfica
(011) 4123-0255